彭弘　陈琴 ◎编著

陈琴

带班格言100句

CHENQIN

DAIBAN GEYAN 100 JU

江西人民出版社

Jiangxi People's Publishing House

全国百佳出版社

图书在版编目（CIP）数据

陈琴带班格言 100 句 / 彭弘，陈琴编著 . -- 南昌：
江西人民出版社，2019.5
ISBN 978-7-210-11078-1

Ⅰ. ①陈… Ⅱ. ①彭… ②陈… Ⅲ. ①班级 – 学校管
理 Ⅳ. ① G424.21

中国版本图书馆 CIP 数据核字 (2019) 第 012977 号

陈琴带班格言 100 句

彭弘　陈琴　编著

策划编辑：童晓英
责任编辑：李旭萍
书籍设计：游　珑

出　　版：江西人民出版社
发　　行：各地新华书店
地　　址：江西省南昌市三经路 47 号附 1 号
编辑部电话：0791-86899133
发行部电话：0791-86898815
邮　　编：330006
网　　址：www.jxpph.com
E-mail：jxpph@tom.com　web@jxpph.com
2019 年 5 月第 1 版　2019 年 5 月第 1 次印刷
开　　本：787mm×1092mm　1/16
印　　张：11
字　　数：160 千
ISBN 978-7-210-11078-1
赣版权登字—01—2019—103
定　　价：35.00 元
承印厂：江西千叶彩印有限公司

经典把灵魂引向更光明处

我是语文老师，担任过二十多年的班主任。江西人民出版社的编辑觉得有必要把我日常管理班级的"经典名言"编辑成册以飨读者，让我着实忐忑：一来自己的做法实在太有个性了，似乎不足以"示众"；二来自觉才疏学浅，雕虫小技难入众家法眼。然而，编辑再三劝导、催促，总觉得我的那些小点子对有心人而言有一定的借鉴价值。我被编辑的诚心所打动，也为自己所做甚少而享誉甚高而羞愧。如果说我还有一点值得分享的经验，那便是困而知之得出的教训：在经典浸润下成长的班级，即使班风再差，学风再糟糕，也能迅速得到改善和提升；在经典滋养下成长的孩子们，大都心胸开阔、志向高远、独立善思、德行高尚，孩子们到中学后备受中学老师赞赏。

大学毕业参加工作的第一年，我带了一个一年级班级。作为新手班主任，我对班级文化建设无从着手，一年下来，孩子们的习惯没有养好。到二年级下学期末，班风学风越来越糟糕，我有些着急。于是，从第三年开始，我总结得失，着力于"让文字修正灵魂，让文化改变气质"的小课程实验。在这一年时间里，我带着孩子们在课堂上扎扎实实地读了四十五本书，并从中选出了许多经典文辞熟读成诵，很多孩子把其中的一些名言警句抄写下来作为自己的座右铭。于是，那个曾经被所有任课老师担忧的差班，竟然成为大家公认的优秀班级。即使没有老师在班上，所有的孩子也会静悄悄地自学，完全实现了自我管理。此后的二十多年，我的班主任工作一直备受同行赞赏。

其实，从教二十八年来，我始终很幸运，遇到的学生都是愿意向善、愿意修炼自己的人。他们愿意从善如流，相信老师给予他们的是一生受用的正能量。我时常想，我的班主任工作之所以被家长和孩子认可，或许仅仅因为我有一丁点儿与众不同的能耐：让孩子相信我的善意，能虚心接纳我的教诲。

记忆中，除第一届外，每迎来一个一年级班级，我都会在上学第一天要求孩子们跟着我的节奏反复念："流自己的汗，吃自己的饭！自己的事自己干！靠天靠地靠爹娘，不算是好汉！"此后的日子里，孩子们经常一边大声念着这几句话，一边手脚敏捷地收拾课桌椅和书包。"优秀就是从自己变得能干开始的！"我经常这样告诫孩子们！

等到孩子们读三年级时，我会跟他们讲"此心光明"的重要性。我和孩子们一起分享王阳明的智慧，尽可能用他们听得懂的语言诠释"天命"。对，这些不到十岁的孩子，需要一个让灵魂长翅膀的助力，我就用"神仙本是凡人做，只怕凡人心不坚"这样充满鼓励的语言点燃他们心中的那盏灯，让昨日的懵懂少年从此敢有鲲鹏之志。

孩子们小学毕业时，我让女孩子背诵舒婷的《致橡树》，让男孩子背诵文天祥的《正气歌》。几年以后，我走访了这些上初中的孩子，得到的反馈是：几乎没有家长为孩子的早恋发愁，因为孩子们都有自己的远大理想，他们的要求很高！

到底是什么样的力量让孩子们在六年里长成了他们自己理想的样子？答案肯定不是唯一的。但在这六年里，孩子们背诵过的十几万文字肯定是其他任何能量无法比拟的。那些张口即来、伸手能书、烙印于孩子们灵魂深处的经典文辞，早已化作了他们成长路上最健康的脉动。这化文字为智慧的功夫，才是受教育者最大的成就。我在孩子们诵读过的经典作品中挑出了五百句常用格言，作为班级用语。从《弟子规》中的"字不敬，心先病"到《大学》中的"君子慎其独也"，从《道德经》中的"上善若水"到《易经》中的"君子以自强不息"，从《论语》中的"士不可以不弘毅"到《庄子》中的"适千里者，三月聚粮"……从一年级学唱"假如生活欺骗了你"到六年级吟诵"路曼曼其修远兮，吾将上下而求索"……这几百句经典格言在孩子们的心中常用常新，常思常辨，对他们的人格成长起到了不可估量的作用。

在我们的班级中，几乎每则格言都是因为班级里发生的故事才被"请"出来的，从此为全班孩子所铭记。比如，第一次把"己所不欲，勿施于人"与自己联系起来，第一次用"真正的高贵在于不断超越过去的自我"夸赞班上那个成为天鹅之前的丑小鸭，第一次用"君子藏器于身，待时而动"的睿智赞美那个终于敢站在众人面前演讲的成功者……每则格言都因为孩子们的悲苦喜乐而被诠释得无比深刻。因此，即使时日早已久远，孩子们多年后相聚时仍记得曾经有那么一句金光闪闪的哲人语录撬动过冰封的天灵盖，给过自己福至心灵的喜悦。

所有的学问对学习者而言学以为己，方可致用；知行合一，方可永固。启蒙教育，但凡使受教育者"知正之所在而固守之"，便堪称圆满。

《道德经》有言："善人者，不善人之师；不善人者，善人之资。"愿所有翻阅这本书的高德大士不吝赐教，末学陈氏先叩谢师之礼，不尽之处，纯属在下井底之陋见也！

陈　琴

2019 年 3 月于富春江南木斋

目 录

第一章

自强自立

① 流自己的汗，吃自己的饭，自己的事自己干，靠天靠地靠爹娘，不算是好汉！

改编自郑板桥的教子诗："流自己的汗，吃自己的饭，自己的事自己干，靠天靠人靠祖宗，不算是好汉。"

案例

在进入小学的第一天，孩子们长大的感觉是被大人们强加的，无论是在学习上还是在行为习惯上孩子们都会有一个很长的适应期。为了让孩子们尽快适应小学生活，培养自立能力，我会带孩子们念一首郑板桥的教子诗："流自己的汗，吃自己的饭，自己的事自己干，靠天靠人靠祖宗，不算是好汉。"我把"靠天靠人靠祖宗，不算是好汉"改编成"靠天靠地靠爹娘，不算是好汉"。对一些不愿意打扫教室、不愿意整理自己的书包和抽屉的孩子，我便请他们读读这句话，我会说："自己的书包不整理的人，算不算好汉？""自己的抽屉不收拾的人，算不算好汉？""不愿意打扫教室的人，算不算好汉？"全班的孩子都会跟着说："不算好汉，不算好汉。"紧接着，我会问孩子："是你自己干，还是等爹娘来帮忙呢？"最后我会告诉孩子："你已经有能力做好自己的事了。"

链接

清代著名画家、诗人郑板桥老来得子，虽然十分宠爱，但是为了把儿子培养成才，非常注意教育方式。郑板桥去外县做官，将儿子留在家里，让妻子照管。当听说儿子向玩伴夸耀父亲在外面做大官，还欺负佣人家的孩子时，郑板桥便把儿子接到身边亲自教养。郑板桥非常注重对子女的自立教育，临终前，他让儿子亲手做几个馒头端到床前，这才放心地点点头，留下遗言"流自己的汗，吃自己的饭，自己的事自己干，靠天靠人靠祖宗，不算是好汉"，安心地闭上了眼。

② 不比阔气比志气，不比聪明比勤奋。

> 不比谁家豪华奢侈，要比就比谁的志向更远大；不比谁生来聪明，要比就比谁后天更努力。

案例

"妈妈，苹果手机又出新品了，我也想要！""爸爸，同学去国外旅游了，我也要去！""爸爸妈妈，同桌办了一场盛大的生日派对，我过生日时也要这样！"……时不时会有家长向我反映类似的事情。有个家境一般的孩子吵着要买新鞋，而且要上千元的指定品牌的鞋子，不买还不高兴。一问才知道，每天穿校服，没什么可比的，大家则比起了鞋子。班上好多人都穿这个牌子的鞋子，假如没有，他会在同学面前没有面子。针对此事，在心灵成长课上，我抛出"比阔气还是比志气"的话题，让孩子们讨论。当我让他们伸出脚时，发现全班近半数孩子穿着同一品牌的鞋，他们好像瞬间明白了什么，都偷偷地把脚缩回去。效果达到了，也就没有必要进行说教。

链接

校园文明宣传标语为"不比阔气比志气，不比聪明比勤奋，不比基础比进步"。随着网络时代的迅速发展，形形色色的文化像潮水一般涌入校园，其中一些消极、享乐、奢靡的风气冲击着校园文化。校园中存在一部分孩子片面追求名牌和高消费的现象。这些不正常的攀比心理，给孩子们提出了一个个严肃的问题：同学之间应该比什么？比阔气还是比志气？比聪明还是比勤奋？

3 天行健，君子以自强不息；地势坤，君子以厚德载物。（《周易》）

自然的运行刚健有力、永无休止，君子应该效仿自然而自强不息；大地的气势宽厚和顺，君子应该效仿大地宽厚的品德，负载万物，化育众人。

案例

一名同学从三年级开始每天坚持写日记，暑假也不例外。他一个暑假写的日记，总字数多达三至五万。写得多了，语感和笔感自然也提高了，他经常有文章发表在报纸杂志上。他曾参加全国性的作文比赛，获得了特等奖，还获得过冰心文学奖。

此外，只要是关于"贤德"方面的评选，这名同学都能脱颖而出，比如说"美德少年""助人之星"等评选，他能获得很高的票数。因为当同学跟他发生矛盾时，他通常会反省自己。很多同学觉得他人品好，宽容，特别愿意和他玩。在这之前，他曾因被同学戏耍而苦恼，跟我说："老师，是不是君子不重则不威？因为我自己没有做好，他们才会欺负我。"我说："天行健，君子以自强不息；地势坤，君子以厚德载物。你调整一下自己的言行试试。"于是，他真的认真反思并调整自己的行为。班里的大事小事，他很少议论，只是默默地去做，所以他得到了全班同学的尊重。

链接

梁启超先生曾在清华大学做过以"君子"为题的演讲，即以"自强不息"为主旨激励清华学子奋发图强："君子自励犹天之运行不息，不得有一曝十寒之弊。……且学者立志，尤须坚忍强毅，虽遇颠沛流离，不屈不挠，若或见利而进，

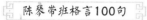

知难而退，非大有为者之事，何足取焉？人之生世，犹舟之航于海。顺风逆风，因时而异，如必风顺而后扬帆，登岸无日矣。"接着，他又提到了坤卦中的"厚德载物"，认为"坤象言，君子接物，度量宽厚，犹大地之博，无所不载。君子责己甚厚，责人甚轻"。梁启超先生通过对这两卦的分析，要求清华学子既要像自然运行那样刚健有力、永不休止，又要像大地一样具有负载万物、化育众人的精神。

心得

④ 胜人者有力，自胜者强。(《道德经》)

> 能够战胜他人的人是有力量的人，能够战胜自我的人才是真正的强者。

案例

"老师，我有点难过。今天我虽被活动小组选上，但一点也不开心。……有同学说我一句都不会背，还说 B 同学也是。我明明是背诵过关才被选上的。我难过不仅是因为他冤枉了我，他还冤枉了您……"A 同学止不住大哭起来。我把 A 同学抱在怀里，什么也不说，只是抚摸着她。"还有……他总是怪里怪气地捉弄我，我真的很生气，就跟他吵了一架。本来他说我的时候，我要发火的，可是我忍住了，因为一阵风吹过来，我的心好像平静不少……"

A 同学呜呜地哭了好一会儿，等她不哭了，我说："老师小时候也有跟其他同学相处不愉快的烦恼。那时候，老师是个典型的'丑小鸭'，个子小，力气也小，还胆小。班上的男生为了显示他们的力量经常捉弄我。我也经常哭，跟他们闹呀。后来，我终于明白这些烦恼其实可以避免，那就是像你刚才告诉我的那样，让自己平静点，无论他们说什么，我都一句话也不说，只是冷冷地盯着他们，等他们说完，然后我说：'你说的不是事实，所以伤害不了我！'如果他们非要继续跟我争执，我就说：'你有本事去找比你强大的对手干一场，别找我！我不是你的对手。'后来呀，那些欺负我的人慢慢地不再欺负我，有的还成了我的朋友啦。"

"哦，老师，你这是以柔克刚！"A 同学终于破涕为笑。"对呀！胜人者有力，自胜者强。你看，我们班的 C 同学、D 同学，是不是很少有人敢欺负他们呀？他们的秘密武器是什么？你以后好好观察一下。"我乘机引导她。

链接

王积薪是唐玄宗时期的棋待诏，经常陪玄宗下围棋。王积薪棋艺高超，自以为天下无敌。玄宗南巡，王积薪随侍南下。因客房有限，王积薪投宿一户农家。晚上熄灯后，他听到隔壁女主人招呼住在另一间屋的儿媳妇说："睡不着，不如下一局棋吧。"儿媳妇说："好啊！"没有灯，两人各住一屋，怎么下棋？难道是盲棋？王积薪很吃惊，于是把耳朵贴在房门上，听婆媳二人下棋。只听见老妇人口中说在哪里下子，儿媳妇又在哪里应对，一来二去，各自说了几十回合。最后老妇人说："你输了。"儿媳妇说："你赢了。"

王积薪暗自记下，第二天摆出这盘盲棋的棋局后他大为惊讶。那婆媳二人下子用意之深、布局之巧，实在高妙，王积薪自叹不如。从此，王积薪不再自以为天下无敌，他潜心习艺，博采众家之长，后来终于成为一代大师。

心得

⑤ 自责之外，无胜人之术；自强之外，无上人之术。

（金缨《格言联璧》）

> 除了严于律己，没有可以胜过别人的办法；除了自强不息，没有可以超越别人的办法。

案例

"自责之外，无胜人之术"：一个男生与一个女生同桌，他们在桌子中间画了一条线，戏称"三八线"，谁都不可以越过这条线。这两个孩子就经常因为"三八线"问题发生争执。一天晚自修，男生又过线了，女生看到后便用肘部推回去……我看到他们小声辩论、互相挤对的样子，忍不住想笑。为了不影响其他同学，我把他们叫到旁边，说："自责之外，无胜人之术；自强之外，无上人之术。失诸正鹄反求诸其身。你们两个都想想自己的不足，因为这点事情闹得不愉快，让其他同学看笑话，应不应该？……"说完，我让这两个同学到教室外去反省，尝试沟通并解决矛盾。于是，他们俩默默地走出教室，在走廊里聊了一会儿，回到教室跟我汇报了各自的想法。男生很诚恳地说："自己要多注意，不能经常过线，本来课桌就小，再去挤占，同桌肯定不舒服。"同桌的女生说："自己太小气了，应该包容些才好……"

链接

一座山上有两座庙，一座庙里的和尚和和睦睦、喜喜乐乐，而另一座庙里整天你吵我怨，相互指责，不得安宁。于是，这个庙里不和睦的住持，就去见庙里和睦的住持，想取取经。庙里和睦的住持迎出来，恰在此时，一个小和尚从外面跑进庙来，"啪"的一声摔倒在地。原来，正在打扫卫生的和尚刚泼了水在地上。住持快走几步，扶起了小和尚，说："你看都怪我没有看见水，也没及早提醒你。"扫地的和尚跑上来，一个劲地道歉："都怪我，都怪我不该这个时候把水泼在地上。"小和尚一边擦着手上的泥，一边说："是我自己不小心，没关系，没关系。"看了这一幕，庙里不和睦的住持明白了这座庙里的和尚和睦相处的奥秘。

这两座庙里的人际关系是两种状态，一种是"和和睦睦，喜喜乐乐"，而另一种是"不得安宁"。和睦的原因是有过错便"自责"——和尚各自做自我批评，而不和睦的原因是"相责"——和尚相互指责。

心得

6 真正的高贵在于不断超越过去的自我。(海明威《真正的高贵》)

海明威,美国作家、记者,20世纪最著名的小说家之一。1954年,《老人与海》获诺贝尔文学奖。《真正的高贵》这首诗虽直白质朴,却包含很多深沉的人生思索和忠告。

案例

一个人的成长,需要不断地修行。没有人从不犯错,没有人一出生就是完美的,而直面自己的错误,需要极大的勇气。海明威说,真正的高贵在于不断超越过去的自我——有了这样的勇气,才会有"高贵"的可能性。有一次,一个黑色垃圾袋被丢弃在便池里,垃圾袋里装的全是我们班同学的纸条。我连问孩子们"你是不是君子""我是不是君子""我们是不是君子"三个问题之后,共读"优于别人,并不高贵,真正的高贵在于不断超越过去的自我",然后全文朗读海明威的《真正的高贵》,读《中庸》和《大学》里的"君子慎独篇",接着又反复与孩子们探讨君子与小人之别。丢垃圾袋的孩子竟突然站起,低声啜泣着承认自己就是那个乱丢垃圾袋的人。这就是直面错误,这就是真正的高贵。

最后,我给孩子们三个选择:一、让这名同学一个人去清理垃圾;二、让这名同学和其他同学一起去清理垃圾;三、其他同学替这名同学去清理垃圾。结果选一的同学寥寥无几,并且犹豫许久,选二的同学不计其数……我觉得这是一个很好的教育方式,与让孩子自觉醒悟相比,任何强有力的外界推动都是劣等手段。

链接

海明威《真正的高贵》原文:风平浪静的大海上,每个人都是领航员。但是,只有阳光而无阴影，只有欢乐而无痛苦，那就不是人生。以最幸福的人的生活为例，它是一团纠缠在一起的麻线。丧亲之痛和幸福祝愿，彼此相接，使我们一会儿伤心，一会儿高兴，甚至死亡本身也会使生命更加可亲。在人生的清醒时刻，在哀痛和伤心的阴影之下，人们与真实的自我最接近。在人生或者职业的各种事务中，性格的作用比智力大得多，头脑的作用不如心灵，天资不如有判断力所节制着的自制、耐心和规律。我始终相信，开始在内心生活得更严肃的人，也会在外表上开始生活得更朴素。在一个奢华浪费的年代，我希望能向世界表明，人类真正需要的东西是非常之微小的。悔恨自己的错误，而且力求不再重蹈覆辙，这才是真正的悔悟。优于别人，并不高贵，真正的高贵在于不断超载过去的自我。

心 得

7 天下难事，必作于易；天下大事，必作于细。

（《道德经》）

> 天下的难事，必定开始于容易；天下的大事，必然开始于细微。

案例

学校公布各班检查抽屉的结果，我们班有三名同学被登记，因为脏乱被扣1.5分。看到这样的结果，我一点也不意外，因为他们的抽屉一贯脏乱。每次督促、提醒，请其他同学帮助整理，甚至家长出马……这样的过程持续无数次之后，他们依然我行我素。

课后，我把其中一名同学叫到办公室交流："你知道'天下难事，必作于易；天下大事，必作于细'这句话的意思吗？"然后分别找到另外两名同学进行交流。初步达成共识后，我把这三名同学聚在一起，商量解决抽屉脏乱一事的办法，最终我们意见一致，各自请同桌每天监督检查，直到能自觉保持抽屉整洁为止。

链接

上古时代的一天，黄帝带着六位随从到贝茨山见大傀，前往请教治国方略。他们走到半途迷路了，刚好遇到一个放牛的牧童，于是上前问路。黄帝问："请问，你知道贝茨山怎么走吗？"牧童用手指了指说："知道呀，往那边走。"黄帝又问："你知道大傀住在哪里吗？"牧童说："知道啊！"黄帝吃了一惊，便随口问道："看你小小年纪，知道的不少啊！"于是又问一句："你知道如何治理国家吗？"牧童说："知道，就像我放牛一样，只要仔细了解它的性情，顺着它的性情去驯服它，一切都好办！治理天下不也是一样吗？"黄帝听后，大为惊讶，也不去找大傀了，打道回府，按牧童的话去做。

8 日日行，不怕千万里；常常做，不怕千万事。

（金缨《格言联璧》）

> 每天坚持走，无论有多远，都能到达目的地；经常坚持做，无论有多少事，总能做得完。正所谓"持之以恒"，贵在坚持。

案例

一个同学到新华书店买了一本《雷锋日记》，回到家就迫不及待地读起来。读着读着，她告诉妈妈有一段话读不明白："毛主席说，这顿饭我们能够吃下去。但是具体地吃，却是一口一口地吃的，你不可能把一桌酒席一口吞下去。这叫作各个解决，军事书上叫作各个击破。"妈妈和她一起把雷锋的这一篇日记读了一遍，然后告诉她："有些话我们初读可能并不明白，但是你可以和自己的学习、生活联系起来，有时候做个对比，或许就能明白其中的含意了。"这个同学想了想，说："妈妈，我懂了。毛主席讲的这几句话就好像在说我背诵的事情。我是能背出来的，只是需要一点一点地背，一篇一篇地过关，这样就不难了。"妈妈顺势引导："是呀，你其他方面的表现都很棒，如果诵读这一关再加把劲就堪称完美了！只要你下定决心，肯定不难的。""对，我们学过'日日行，不怕千万里；常常做，不怕千万事'。只要坚持做，努力去做，难的事情也变简单了。妈妈，我会努力坚持的……"

链接

《荀子·劝学》有云："骐骥一跃，不能十步；驽马十驾，功在不舍。锲而舍之，朽木不折；锲而不舍，金石可镂。"人贵在坚持，坚持就是成功，坚持就有收获。李白铁杵磨成针，屈原洞中苦读，匡衡凿壁偷光，他们的精神印证了"贵有恒，何必三更起五更睡；最无益，只怕一日曝十日寒"的道理。

⑨ 有志者事竟成。（范晔《后汉书》）

有决心、有志气的人，遇到任何困难都能克服，最终获得成功。

案例

我们班上有几个孩子，作文写得不好，却很想写好。于是这几个孩子集体向我请教。我给他们出主意，告诉他们只要多阅读，多观察，多写日记，认真上好每一节经典素读课，文章一定写得好。他们问："真的吗？"我说："前提是你们要坚持，要有恒心。有志者事竟成，别说写作，任何事都是这样。但是要坚持做一件事情，并不是那么容易的。我建议你们几个相互监督，监督是否每天阅读、观察、写日记，是否认真上好每一节经典素读课。"于是，这几个孩子果真按照我的要求去做了：认真听课，勤于动脑，坚持写日记。但凡有意志力不坚定的时候，其他孩子都会及时提醒并督促。就这样，一年多过去了，他们的文章写得越来越好，就连他们的爸爸妈妈都高兴地说："以前，一说写文章，就咬着笔头，一天写不出两行。现在，不再那么惧怕写文章了，甚至几十分钟就写得好了。"

链接

耿弇是东汉光武帝刘秀手下的一员名将。有一回，刘秀派耿弇去攻打地方豪强张步，不幸被一支飞箭射中大腿，他毅然用佩刀砍断箭杆，接着投入战斗，直到天黑才下令鸣金收兵。第二天早晨，耿弇又不顾伤痛，继续率兵出城与张步交战。刘秀身在鲁城，听到耿弇受伤的消息后，便火速率兵增援，在援兵还未到达时，耿弇经过激烈的战斗打败了敌人。几天后，刘秀到达后握住耿弇的手激动地说："从前，韩信攻破历下，开创了大业的基础。今天将军攻破祝阿，建功立业。两次战役都发生在齐国的西部边界，你们二人的功劳旗鼓相当。韩信进攻的是已经投降的国家，将军却独自打败了强大的敌人，建功比韩信更为艰难。将军以前在南阳时提出攻打张步，当初还觉得计划太大，担心难以实现。事实证明，有志者事竟成也。"汉光武帝讲的"有志者事竟成也"后来常被人们引用，演化为成语"有志者事竟成"。

心得

第二章

习惯养成

⑩ 几案洁，笔砚正。(《弟子规》)

书桌保持清洁整齐，笔墨纸砚摆放端正。

案例

　　良好的行为规范和学习习惯不是短时间能养成的，需要老师和家长的长期督促和提醒。刚入学的孩子往往没有规范意识，自我约束力不够。上课铃声一响，可以看到不少孩子还匆匆地往厕所跑，即使有的孩子已经在教室了，也还是闹哄哄的，没有准备好课本和文具的意识，等老师要上课时才发现课本不见了，又急忙去书包翻找。这时我会挑选两个做得好的孩子，带领全班孩子读《弟子规》"几案洁，笔砚正"，边读边准备好课本和文具。此外，让孩子们在其他任课老师上课前也养成诵读"几案洁，笔砚正"的习惯。如此一来，孩子们课前准备时闹哄哄的现象逐渐得以改善，久而久之，不用说教，所有的孩子都能迅速做好课前准备。

链接

　　朱熹是南宋著名大学者，为人端庄稳重。早先他曾经出仕过一段时间，辞官回乡后，朱熹每天天色不亮就起来了，穿好衣服，戴上幞头，穿着方头鞋子，先到家庙和先圣神位之前跪拜，行罢退回到书房看书写作。他的几案摆得端正有序，一切书籍用品整整齐齐。他的举止也始终周周正正、有条不紊，就算是看书写作疲倦了，也是闭着眼睛端端正正地坐着，休息完了起身，脚步整齐地慢走，这种习惯从少年到老始终没有改变过。

11 凡道字，重且舒；勿急疾，勿模糊。(《弟子规》)

> 说话要口齿清晰，语气稳重从容；语速不要太快，吐字不要模糊不清。

案例

在教孩子们识字朗读或回答问题时，如果遇到吐字不清、语速过快等情况，我通常会用"凡道字，重且舒；勿急疾，勿模糊"来提醒孩子，并亲自示范或请做得好的孩子领读，久而久之，便会深入孩子的心里。说话或朗读时，孩子们就会用这句话来暗示自己。

链接

西晋时期的裴楷是中国历史上有名的美男子，当时号称"玉人"。他不但模样英俊，而且博学多才，对《老子》《易经》等玄学著作深有研究。那个时代做官全靠别人的评价和推荐。裴楷得到权臣钟会的一句著名评语"裴楷清通"，所以他青云直上，官运亨通，政治上很有作为。但裴楷最出色的才华还是在嘴上。裴楷的嗓音浑厚洪亮，发音清晰，说起话来抑扬顿挫、铿锵悦耳，像奏乐一般。皇帝和朝臣们都赏识他这一特长，经常让他当众宣读文件。裴楷长身玉立，光彩照人，能把一段段枯燥乏味的律令、诏书、奏章、文告念得声情并茂。每每宣读时，在场的人都忘了疲倦，忘了正在召开的严肃的御前会议，一个个聚精会神，看着裴楷的容貌，听着裴楷的声音，好像在欣赏精彩的文艺演出。

⑫ 话说多，不如少；惟其是，勿佞巧。(《弟子规》)

> 多说话不如少说话，言多必失；说话要实事求是，千万不要花言巧语。

案例

有一个一年级女生思维活跃、反应灵敏，智商、情商都比较高，但她有个不好的习惯——爱说话。虽然爱说话不是大毛病，但我发现她是不分时间、不分地点、不分场合地说，说起来没完没了，已经严重影响了其他同学的学习，经老师多次提醒批评也不见改善。有一回这个女生又和同桌聊得热火朝天，我压住心中的怒火，转身在黑板上写下：话说多，不如少；惟其是，勿佞巧。孩子们很惊讶，但认真地跟着我把它背下来。我发现他们对这几个字特别感兴趣，我就给他们讲解这句话的意思。以后上课时只要有人说话，我就说"话说多"，孩子们就背"话说多，不如少；惟其是，勿佞巧"，久而久之，上课时不能说话的规矩便深深地印在了孩子们心里。

链接

《墨子》有这样一段记载。子禽向老师请教："多说话有好处吗？"墨子回答："癞蛤蟆、青蛙和苍蝇，白天晚上都叫个不停，叫得口干舌燥，人们也不听。反倒是雄鸡，黎明按时啼叫几声，天下都为之震动，人们都早早起来了。所以，多说话有什么好处呢？重要的是，话要说得切合时机。"人们常说"雄辩是银，沉默是金"，也是要告诉我们这个道理。

13 非圣书，屏勿视；蔽聪明，坏心志。(《弟子规》)

> 不是高雅有益的书，不要去看，因为这些书可能会埋没我们的聪明才智，损害我们的思想和志向。

案例

语文老师要时刻关注孩子的阅读层面，要在选择主题鲜明、思想健康的读物的基础上尊重个性化阅读。比如，漫画看不看？当然要看。书要多看，但是要引导孩子一眼扫过去就马上能判断该不该看。《弟子规》告诫弟子要做到"非圣书，屏勿视；蔽聪明，坏心志"。

链接

古人认为，不是传述圣贤言行的著作，对身心健康有害的不良书刊都应该摒弃不看，以免污染身心，蒙蔽智慧，使自己心志变得不健康。至于哪些是圣贤之书，官方也是有明确规定的。早在汉武帝时期，就规定所有官员必须学习五经，即《诗》《书》《礼》《易》和《春秋》；到了唐朝又有"九经"之说，即《诗》《书》《易》《周礼》《仪礼》《礼记》《春秋左氏传》《春秋公羊传》《春秋穀梁传》，并将九经刻在了国子学的石碑上；后来又加上《论语》《孝经》和《尔雅》，合称"十二经"；宋朝时《孟子》正式成为"经"，与"十二经"合计十三部，这就是人们通常所讲的儒家经典"十三经"。

心得

⑭ **读书有三到，谓心到、眼到、口到。**（朱熹《训学斋规》）

> 读书的时候一定要做到三点，即用心去体会，用眼去看，用嘴去朗读。

案例

记忆力和注意力有密切的关系。班上有几个背诵快的孩子总是在注意力方面优于背诵慢的同伴。有些家长不知就里，总以为自己的孩子背得快或慢是由天赋决定的。我通过一个同学便知道，但凡她没有认真读或跟读时，读过十遍的文字也跟初读时一样不流畅。所以，对这样好动的孩子，我现在规定她读书时手上不可以摸东西，眼神要专注在读的字上，念到哪儿，眼神要像长出手来一样抓住哪儿的字。这个同学说："这不就是'读书法，有三到，心眼口，信皆要'吗？"说起来容易，但做起来就有难度啦，要是持之以恒地训练一个月，每天半个小时，记忆力差的现象一定会有所改观的。

链接

宋朝著名的书法家米芾，自小就喜欢书法。有一天，从外地来了一个秀才，米芾听说这人字写得很好，于是登门请教。秀才答应收米芾做学生后，拿出一本字帖说："你回去照这本字帖练习，写好之后再拿给我看。"米芾回去后按秀才的话写好了，恭敬地请他指教。秀才看了一下，就摇着头说："你要我教你写字，就必须用我的纸。可是我的纸很贵，要五两银子一张。"米芾听后虽然有些吃惊，但还是硬着头皮答应了。

米芾回到家，铺开了那张昂贵的纸，可是他望着字帖琢磨笔势半天，用手在桌面上来回照着写来写去，就是无法下笔。三天过去了，秀才见到米芾还没

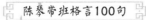

写出一个字来，于是问他："为何还不写？"米芾回答："纸太贵，怕写坏了。"
秀才笑着说："你不写，要我如何教你呢？"于是米芾非常用心地写了一个字，
结果写出来的字比字帖上的字更好、更有力量。秀才笑道："现在你懂了吗？写
字不但要动手，还要动心。这几年来，你提笔就写，并没有用心研究字的形态
和神韵。"秀才说完，放下五两银子，笑着离去。

心得

15 静一分，慧一分。（张潮《幽梦影》）

多一分静气，便会多一分聪明智慧。

案例

因为前一天中考用了我们的教室，周一早上桌椅还未归位，孩子们一进教室，看到座位变了，便开始东窜西跑，喧闹嬉戏。眼看早读马上就要开始了，可是教室里仍是闹哄哄的。我有些恼火，大声喊："请看看黑板！把自己的桌椅归位，做好课前准备！"可是，我的声音很快被淹没在四十多个人制造的噪声里。"我的椅子呢？我的桌子呢？……"别人仅仅使用我们的教室考了一场试，大家已经完全乱得找不到北。

不过，在这次小小的考验中，还是有人胜出的。他们一进教室，首先把自己的桌椅摆放在应该在的地方，然后把各科作业整理好交给组长，最后开始做早读的准备。事后我表扬了这一部分孩子，并告诉大家"静一分，慧一分"和"定能生慧"的道理；也告诉孩子们进教室如入无人之境，大喊大叫，是断然不可能处变不惊的。

链接

苏轼有句名言："善养身者，使之能逸而能劳。"没有人可以精力无限、奔腾不息，忙碌与休憩相结合才能让生命充满精彩。适度的停顿犹如登山过程中的休整，是走向胜利的必经阶段，就像电影镜头，长短镜头结合在一起，才会形成缤纷多彩的画面节奏。独处不仅是忙碌之间的停顿，更像是一次身心调整、精神蓄力。所谓"静一分，慧一分"，是指养一团清静之气，擎一片悠然心光，映照自己同万物的关系，这正是独处的本意。

16 知止而后有定。(《大学》)

知道自己要达到的目的，而后才能确立志向。

案例

我们学习了《大学》中的"明德章""康诰章""盘铭章"，我对着原文逐句翻译给孩子们听，对"明德章"中"格物、致知、诚意、正心、修身、齐家、治国、平天下"的先后次序，孩子们记得很牢。对于"知止、能定、能静、能安、能虑、能得"的本末关系，经过讲解和反复诵读最终也能够理解并掌握。有一回，有一个孩子上课分心，一直在玩玩具，我说了一句："你知道你现在要做什么吗？"他反应倒是快："知止而后能定。这节课就是止于上好课。"旁边的孩子帮腔说："知止在于上好语文课。"分心的孩子显然已经懂得这个道理，只是要做到言行一致，还需要些时日。

链接

《大学》：知止而后有定，定而后能静，静而后能安，安而后能虑，虑而后能得。知道自己要达到的目的，然后才能确立志向，志向坚定然后才能镇静不躁，镇静不躁然后才能内心安宁，内心安宁然后才能思虑周详，思虑周详然后才能有所收获。

- -

- -

- -

⑰ 博学于文，约之以礼。(《论语》)

君子应广泛地学习文献典籍，以礼的要求来约束自己。

案例

有一段时间我频繁外出学习，学习归来后隔壁班的老师对我说："你们班的孩子真乖，一大早来就自觉读书啦！"英语老师说："你们班的孩子真令我感动，上周聚会你不在，他们还没等我过去就自觉地排队去阶梯教室了，我觉得太神奇啦，根本不需要管！"我想，这就是信任的力量，我相信所有的孩子都不愿意被监督。假如我们事先跟孩子讲好规矩，让孩子知道自己当家做主是最大的荣誉，那一定能激发孩子的自觉性。其实，古人说得比我们具体，"博学于文，约之以礼"。学校教育的终极目标难道不是这个吗？

"属于天管的事让天去管，属于别人管的事让别人去管，你只管你自己分内的事。任何事情之所以乱套，就是自己的事情没管好，非要去干涉别人的事。天下大乱也是如此，自己没管好分内的事就去管别人的事……"我这样对孩子们说。一旦有孩子上课去管别人的事，其他孩子就会马上说："安静，管好自己吧！"

链接

有一天，颜回奉茶时不小心把孔子格外爱惜的茶杯打碎了。颜回怕孔子生气，偷偷地将杯子的碎片藏在袖管里，然后拿出一个新的，若无其事地继续奉茶。这时一群发丧的人路过门口，孝子哭得很伤心。颜回见此，说："自古常理，人死不能复生呀！"孔子在一旁说道："人厚了也不会薄呀！我们师徒这么多年，还有什么事要遮遮掩掩的呢？"孔子旁敲侧击，提到了颜回摔了茶杯还隐藏的事。颜回见孔子话中有话，满脸羞愧，急忙向孔子赔礼道歉。孔子很淡然地说："茶杯摔碎了没什么，告诉我一声就可以了，何必为这点小事遮掩呢？"颜回见老师原谅了他，急忙把袖管里的碎片扔了。

礼是一种行为规范，每个人都可能有失礼的时候。但我们失礼了，不能隐藏，而需要承认、改过，并反省自己的行为，做到下次不再失礼。孔子婉转地指出颜回打碎茶杯的目的就在于此。

⑱ 凡事豫则立，不豫则废。(《中庸》)

> 任何事情事前有准备就可以成功，没有准备就会失败。

案例

一天上午，我们举行了"点背诗词"大赛，平常成绩一般、表现一般的 A 同学，竟然在此次点背中一鸣惊人，一举夺得冠军，这在班级里掀起小小的波澜。晚餐前，我们进行了一次一刻钟的即兴演讲。B 同学说："今天早晨，A 同学背诗，对我震动很大，她居然把必背九十四首中抽出来的最难的十首诗全部背了下来，而且一字不少，还能流利地说出作者来，很了不起，我现在要下决心每天背。"C 同学说："我觉得不能只靠背，要靠自觉，以及端正的学习态度。学习这件事，是日积月累方见成效的。A 同学今天背得这么好，是因为她有认真的学习态度，做好了充分的准备。凡事不能'临时抱佛脚'，需要平时的积累，只有这样，学习的知识才会化为你的'血液'。"……

这是演讲过程中大家参与讨论得到的智慧，凡事要有准备。正像 A 同学讲述自己的心路历程，她说，每天有计划地认真背，即使如此，还是有些忐忑。任何活动都不仅仅为了活动本身而开展，正如我们的点背，背过几十首诗词无疑是好事，但重要的是活动背后的"未雨绸缪"及"豫则立，不豫则废"的见地和计划落实，更是每个人对"大信不约"的追求。

链接

春秋时期，赵简子的家臣董安于受命修建晋阳城。在修建宫殿时他坚持在墙里面夹杂可以做箭杆的荻、蒿等植物；前堂后室的横梁立柱不用木料，而用铜铸成，大家都不知其用意何在。后来，赵简子死，襄子即位。后来赵襄子被晋六卿中实力最强的智伯逼退到晋阳城，眼看着弓箭要用尽了。在这万分危急之时，赵襄子叫士兵们扒开墙壁，取出荻、蒿的茎做箭杆；拆毁铜梁铜柱，冶炼后制成箭头。这样一来，守城的弓箭源源不断，人心也就安定下来。到此时，大家才明白董安于的用意，佩服他的高瞻远瞩，感叹道：凡事豫则立，不豫则废。

心得

第三章

勤勉治学

19 知之为知之，不知为不知，是知也。(《论语》)

凡事知道就是知道，不知道就是不知道，这才是真正的聪明。

案例

孔子认为，对待任何事物都应该持谦虚、诚恳的态度。一个人不懂不可怕，可怕的是不懂装懂。只有虚心学习、不耻下问，才能不断进步，学习到更多的知识。但在课堂上，有些孩子喜欢人云亦云，老师问："这个对不对呀？"他根本没去看，没去思考。别人说对，他也说对；别人说不对，他也说不对。这种行为就不是"知之为知之，不知为不知"了。对待没有真正思考的孩子，老师要适时加以引导，告诉孩子真正的智者要真实，若表现不真实，会自取其辱。

链接

孔子曾问礼于老子，学乐于师襄。他对学习抱着"知之为知之，不知为不知"的实事求是的态度，绝不以不知为知。孔子向师襄子学弹琴，十天只弹一首曲子。师襄子说："这个曲子练习十天了，再选一首新曲子弹吧。"孔子说："这个曲子刚刚弹熟练，一些高难度的技巧还没有领略呢。"过了一段时间，师襄子又说："看来弹琴的高难度技巧你已经领略了，现在可以学新的曲子了。"孔子说："我还没有品味出曲子的神韵，没有抓住它的主题。"又过了一段时间，师襄子说："你已经抓住这支曲子的神韵了，可以学新曲子了。"孔子说："我还没有懂得这首曲子的作者是什么样的人，没有深入他的内心世界。"又过了一段时间，孔子庄重、黯然地向远处眺望，说："我现在知道这首曲子的作者是什么人了。这人长得黑，高身量，胸怀大志，要统一四方，一定是周文王。"师襄子听后立即离席行礼，说："这首曲子就叫作《文王操》啊！"

20 学而不知道，与不学同；知而不能行，与不知同。

（黄晞《聱隅子歔欷琐微论》）

> 学习知识不能从中明白一些道理，这和不学习没有什么区别；知道了道理而不能运用，这仍然等于没有学到道理。

案例

A同学正式做周四的路队长之前，走到我跟前说："老师，我不习惯做路队长。"站在A同学身边的B同学不仅力挺A同学做路队长，还给他打气："你慢慢就会习惯的。""我觉得B同学说得对，你都没去做，就说不习惯，没有谁一出生就习惯做路队长。"我笑着说。为了让A同学有自信、有底气地做路队长，我请C同学一句句教A同学口令。走廊里，A同学在高声练习。周四中午A同学站在队伍前边，我提醒A同学："昂首挺胸，目视大家，每一句口令要送入最后一个同学的耳中……"A同学整队了——"全体立正！……向前看齐！……"我暗暗高兴，没想到A同学的口令喊得如此清晰有力。

链接

有一天，孔子一行人在树荫下休息，正准备吃点干粮、喝点水。不料，孔子的马挣脱了缰绳，跑到庄稼地里吃麦苗。农田的主人发现后，十分愤怒，上前一把抓住马的缰绳，将马扣下了，扬言要将马杀死为麦苗报仇。学识渊博的子贡企图说服农田的主人，争取和解。可是，子贡满口之乎者也、天上地下，将人生哲理讲了一串又一串，费尽口舌，农田的主人根本听不懂。

这时，有一位跟随孔子不久，论学识、才干远不如子贡的新学生看到子贡与农夫僵持不下，便自告奋勇地走到农夫面前，笑着说："你并不是在遥远的东海种田，我们也不是在遥远的西海耕地，我们彼此靠得很近，相隔不远，我的马怎么可能不吃你的庄稼呢？再说了，说不定哪天你的牛也会吃我的庄稼哩，你说是不是？我们该彼此谅解才是。"农夫听了这番话，觉得很在理，心中的愤怒也消释了，于是将马还给了孔子。旁边几个农夫互相议论："像这样说话才算有学识、有口才，哪像刚才那个人，说话不中听。"

做事情要活学活用，应该具体问题具体分析，不能盲目地运用自己的知识。

心得

21 人而不学，其犹正墙面而立。(《尚书正义》)

人如果不学习，就像面对墙壁站着，什么东西也看不见。

案例

我常跟孩子们说："从失败中汲取积极的经验，是人生异常宝贵的财富，很多时候，它比成功的意义更大。"在芭乐园的诗词大会进行得如火如荼时，我察觉到了孩子们一个致命的问题——太高估自己了，认为自己掌握得相当好。于是，我便给了他们当头一棒——出了一份检测卷，结果上了90分的人寥寥无几，离最初定的人人无差错的目标相差甚远。"一棒"之后，孩子们羞愧的同时纷纷自省，明白了要勤奋努力、坚持不懈地学习，而非一曝十寒地学习，正所谓"人而不学，其犹正墙面而立"。

链接

人不学知识，就像面对墙壁站立，什么都看不见，索然无味。你喜欢索然无味的人生吗？当然不喜欢。那么，怎样才能让自己的人生五彩斑斓、充满趣味呢？那就是学习知识。学习知识，才可以去掉眼前的那堵墙，看到万紫千红的大花园。学好了文化知识，就可以读万卷书；学好了艺术知识，无聊时可以琴棋书画来风雅一番；学好了健康知识，可以保护好自己的身体……

㉒ 知而好问，然后能才。(《荀子》)

聪明并善于向他人请教，这样的人才能成才。

案例

A同学是个勤学好问的孩子，他上课爱提问，总被老师称赞："聪敏一问。""敏而好学，不耻下问"正好形容他。A同学琴棋书画，样样都行。比如，古琴初修，便可抚《阳关三叠》。在其他同学刚刚读熟整本《孝经》之时，他已全部理解背诵。荀子说："知而好问，然后能才。"A同学知而好问，必能才。

链接

五代后梁画家荆浩隐居太行山洪谷，埋头学画，日日写生，画艺突飞猛进。有一天，他像往常一样去峡谷作画，路上碰见一个衣着俭朴的老者。老者见了荆浩，亲切地打招呼："你又来作画呀？"荆浩年轻气盛，见老者像个山野老农，只"嗯"了一声，又昂然举步了。"你知道画法吗？"老者并不生气地问道。荆浩以为老者轻视他，心里有气，说道："画画嘛，画得像就可以了。""你说错了。"老者感慨地说，"我见你天天到此画山景，风雨不辍，精神可嘉。但你只能画外形，那怎么行呢？画者，刻画也。要深入领会描写对象的特点和精神实质，才能形神兼备、精巧入微啊！"荆浩大吃一惊，忙问老者姓名，以便登门求教。谁知老者笑而不答，飘然而去。

从此，荆浩虚怀若谷，听取不同意见，汲取各家之长，独创一格，终于成为名家，被后人尊崇为山水画的宗师。

㉓ 玉不琢，不成器；人不学，不知道。（《礼记》）

玉如果不精心雕琢，就不能成为有用的器物；人如果不努力学习，就不会懂得道理。

案例

每个孩子都是一块未经雕琢的璞玉，除了老师的悉心教导，更离不开家长的细心引导。家校配合，才能让孩子更优秀。以下是写给家长的一封信：

家长们，大家好！打扰大家，跟大家说几句话。上周给孩子布置了一项特别的功课：为自己端午节的学习任务做个小计划。计划书包括语文学科，也辐射英语、数学等其他学科——有的小组把锻炼身体、课外阅读也做了精妙的安排。今天，我逐一排查了每一组的计划落实情况。您看到的这个表格，"5星"指圆满完成任务，"4星"指有些任务完成不到位，以此类推。（没有得到星星的同学是没有做计划的，课间我会找他们一一谈话，期待下周的计划安排）

大家看到，获得"5星"的同学，有些是一直比较自律的，有些则是最近不断挑战自己，才走上"自律"之路的。我想提醒各位星级较低的同学的家长，千万不要埋怨、指责，而应坐下来，好好跟孩子一起想办法。回首上学期，我们做了很多努力，来培养孩子养成自己做计划、完成计划的习惯，半年下来，看到可喜的变化。坚持者，得了大回报；放弃者，又被以往的坏习惯折磨——比如周日晚上"开夜车"。自己做计划，落实计划，绝不只是为了预防"开夜车"，这个举措对于培养孩子的自律、自主、自强的意识都有很大的帮助。但是，不同的孩子有不同的个性，家长最了解自己的孩子。在这方面，我们如果不一起努力，仅凭教师微薄之力，那么吃亏的只能是自己的孩子。正所谓："玉不琢，不成器；人不学，不知道。"

链接

　　西晋著名的医学家皇甫谧生性贪玩，到了 20 岁仍不喜欢读书，抚养他的婶婶为此十分担心。一天，他摘回许多野生瓜果给婶婶吃，婶婶并不开心，对他说："你要好好读书，有本事才是对我最好的孝敬。你如今已经 20 岁了，仍不读书，不求上进，即使给我送上上好的酒肉，我也不会感到欣慰。你如此贪玩，实在不能让我不为你操心？"皇甫谧听了这番话，羞愧难当。从此，他立志成才，十几年如一日地刻苦读书，学习上再不敢有丝毫懈怠。皇甫谧学识越来越丰富，尽阅览百家之说，并著有《孔乐》《圣真》等书，在文学方面取得很高的成就。皇甫谧 40 多岁时患了风痹病，忍受着极大的痛苦，但是在学习上他仍然不敢有丝毫怠慢。他在生病期间读了大量的医书，尤其是针灸学方面的书籍。随着研究的深入，他发现以前的针灸书籍深奥难懂，又有许多错误，不利于阅读和学习。于是，他根据自己学习的体悟，摸清了人体的脉络与穴位，并结合《灵枢》《素问》和《名堂孔穴针灸治要》等书，悉心钻研，编写了我国第一部针灸学著作——《针灸甲乙经》。

心得

- -

- -

- -

- -

- -

- -

24 学而不思则罔，思而不学则殆。(《论语》)

只学习而不思考，就不能理解学习的内容；只思考而不学习，就会在学业上陷入困境。

案例

有一次，我们用了一整节课及早读的时间复习《离骚》，发现有三分之二的孩子到第六节就被"卡住"了，基本上不能脱口而出，甚至有些地方读得不流畅。于是，我逐个点兵，把那些能背诵过关的孩子放到图书角边，搬张小椅子围成圈，先读《孟子》的第一章，剩下的孩子流露出满是羡慕的目光。然后我带着剩下的孩子反复诵读第六节前两段，十来遍读下来，一部分同学基本上能背熟前两段了。然后，我以 A 同学为例，指出他们的病症："为什么同样教，有的人整篇背诵过关了，有的人却被第六节给卡住了？'学而不思则罔，思而不学则殆'，可见有些同学平时根本就没有把诵读当作功课，既不温故，也不思考。A 同学就是这样，在家父母让她读，她就找理由拖延。现在知道问题在哪了吗？今天开始，凡要求背诵的内容都要自己挤出时间诵读十遍，能不能背没关系，读够十遍了，即使不能背诵，也尽力了。如果不读，就要接受点惩罚，到时别怪父母。"

链接

清代著名学者戴震学识渊博，对天文、数学、历史、地理都有研究，在经学和语言学方面造诣尤深，乾隆年间曾负责编纂《四库全书》。戴震从小勤奋刻苦、善疑多问，凡事都要问个为什么。有一次，私塾老师讲《大学章句》，说："这是孔子的语录，由孔子的学生曾子传授，他的门人记录。"在座的学生都点头记下，唯独戴震站起来问道："老师，您怎么知道这是孔子所说、曾子所授、门人所记的呢？"老师回答是大理学家朱子说的。戴震又问："朱子是什么时代的人？"老师回答南宋。戴震又问："孔子、曾子是什么时代的人？"老师回答春秋时代。戴震又问："春秋时代和宋代相距多少年？"老师回答有一千多年。戴震笑着说："朱子和孔子、曾子相距一千多年，朱子又怎能肯定这是孔子所说、曾子所授的呢？"老师被问得再也答不出来了，连声说："问得好，问得好，做学问就要善疑多问。这孩子将来一定会大有出息。"后来，戴震果然凭着这种善疑多问的精神写出许多有独特见解的著作。

心得

25 敏而好学，不耻下问。(《论语》)

天资聪明而又勤奋好学的人，不以向不如自己的人请教为耻。

案例

A同学是个品学兼优、勤奋好学的孩子。他尤其喜爱诵读经典，也非常喜欢创作古体诗，特别是歌行体，很多同学都很佩服他，但是他觉得自己写的字不如B同学。B同学确实很优秀，他的书法作品曾在学校书法比赛中多次获得一等奖的好成绩。我经常会跟孩子们讲"见贤思齐"，要在自己同伴当中找到自己的老师。A同学就拜B同学为师，请B同学教他写字。在B同学的指导下，仅几天的时间，A同学的字就得到了很大的进步。A同学这种"敏而好学，不耻下问"的学习精神，我就会拿来讲给其他孩子听。

链接

孔子认为，人不是天生就有学问，人应该不断地学习，不懂的地方要虚心向别人请教。有一次，孔子参加鲁国国君的祖庙祭祖大典，时不时向人询问有关礼仪方面的问题，几乎每件事都问到了。于是，有人在背后嘲笑他不懂礼仪。孔子听到这些议论后说："对于自己不懂的东西就要问清楚，这正是我求学好礼的表现呀。"

26 笨鸟先飞早入林，笨人勤学早成材。(《省世格言》)

> 飞得慢的鸟儿提早起飞，才能比别的鸟儿早飞入树林；不够聪明的人只要勤奋努力，才能比别人早成才。

案例

对于一些心智较弱、各方面能力不佳的孩子，唯有"勤能补拙"。班上不乏这样的孩子，A 同学就是其中一位。一天，我拿着 A 同学的试卷，说："这份试卷，除作文外满分 70 分，A 同学考了 66 分，作文是满分。现在，比 66 分少的同学站起来……"班上有 22 位同学起立。这时候，A 同学坐在座位上一动也不动，注视着我。我接着对 A 同学说："你经过努力，赢了 22 个同学，你要相信自己，加油，争取赢 25 个人！"我停了一下，环视全班，又说："A 同学为什么能赢你们呢？因为他现在可以安静地完成任务。昨天的考试，他比大多数同学安静，全神贯注地完成这张试卷。但是很多人就坐不住，动来动去……我们要学习 A 同学的这种态度……虽然，我曾经指导过他写作文，但是他很了不起，得了满分！"这几天，为了帮 A 同学克服作文难写的心理障碍，在放学后我与 A 同学单独留在教室，在我的启发下，他反复修改，经过打磨后，他终于完成一篇高水平作文。功夫不负有心人，A 同学果然大有进步。

链接

清代著名学者章学诚儿时愚钝木讷、记忆力差，在私塾里读书，每天读百字左右的文章都感到很吃力，更不要说背诵长的文章了。但是他并不灰心，坚持从早到晚孜孜不倦地苦读。他读书很仔细并有所取舍，每当读到不满意或者有疑问的地方就记下来，写了一本本学习笔记，以备查阅参考。章学诚还经常向社会名流请教，与他们探讨学问，经年累月，学习上大有长进。他不仅精于古典，而且长于史论，后来成为清代著名的历史学家和思想家。

27 业精于勤，荒于嬉；行成于思，毁于随。（韩愈《进学解》）

学业由于勤奋而精通，由于贪玩而荒废；事情由于反复思考而成功，由于随随便便而失败。

案例

一分辛劳一分收获，只有勤奋才能取得成功。如果一个人天生有聪明的才智，可不注意后天的培养，不勤奋学习，那他终究不会成功。对于身心尚未成熟的孩子，自制力弱，需要老师和家长的督促，使他们养成并保持勤奋刻苦的学习态度。A同学生性好动、贪玩、意志薄弱，缺乏学习的动力，能认识到自己的不足并有改过自新的决心，但一贪玩起来就无法自制，一坐下来学习，就浑身不舒服，心情烦躁，急于求成，巴不得把老师布置的作业一口气做完，学习成绩很不理想。

针对A同学，除了不定期地谈心，耐心地反复疏导，帮助他克服"自卑"的心理，讲韩愈、陆游、司马光等人勤奋学习、不荒废光阴的故事外，还以身边刻苦勤奋的B同学为例，让B同学帮助A同学成长。B同学就是这样一位刻苦勤奋的孩子，每天晚自习，她都是第一个到教室，并在练习弹琴。她每天都是晚餐后去弹琴，没人督促；每周都去学画，几年如一日……她的各种作品屡屡获奖……

链接

韩愈是唐朝著名文学家，常年勤奋工作和学习，从不嬉戏怠学，浪费光阴。韩愈任国子监博士后，勤恳认真地教育他的学生。一天，他以自己的切身体会对学生们说："年轻人啊！学业的精深决定于勤奋，游荡懈怠就会荒废；事业的成功决定于动脑思考，不分是非曲直就会失败。这是我亲身积累的经验教训，叫作'业精于勤，荒于嬉；行成于思，毁于随'。"

大家听后交头接耳嘀咕一番，提出疑问："老师，据我们所知，您在学业上的修养可算得上是精深了，可您不但没有被重用，反而被贬。如今您做国子监博士，这是个清苦的差事，连妻儿都不能过上好日子。那么，'业精于勤''行成于思'，又有什么意思呢？"韩愈听了，严肃地回答："你们错了！做人难道就是为了升官发财？读书、工作难道就是为了使妻儿过上富裕的生活？学业精深的司马迁受了酷刑，仍然坚持完成《史记》。屈原是个善于思考的爱国者，他被流放直到自沉汨罗江，关心的还是国家的兴亡。他们身处逆境，从未放弃勤学、放弃事业，不正是我们学习的楷模吗？"

学生们受韩愈思想和言行的教育，一个个端正了学习和做人的态度。有的人还把"业精于勤，荒于嬉；行成于思，毁于随"这句名言写下来，挂在屋子里勉励自己。

心得

28 黑发不知勤学早，白首方悔读书迟。（颜真卿《劝学》）

如果年轻时不知道勤奋学习，到年老白发时才后悔，想再读书也来不及了。

案例

"我不想读书，不想学习……"我们班上的一位玩心重的小男生经常在家里这样对父母说，在学校这样对同学说。当别人问他："那你想干什么呢？""真人CS，游戏都可以！"他每次都这样毫不犹豫地回答。我准备和他促膝长谈，把他叫到身边说："听说你不想读书，也不想学习，只想玩真人CS和游戏是吗？"他不吭声，我接着说："如果让你什么事都不干，每天玩游戏和CS呢？""可能会厌吧……"他沉默了。"黑发不知勤学早，白首方悔读书迟。现在正是读书学习的好年华啊！"我语重心长地说。接下来我和他讲颜真卿勤学苦练书法的故事，讲孙敬悬梁刺股的故事，再一起讨论"子在川上曰，逝者如斯夫"的含义，交流如何珍惜时间，时间该怎么用……有一段时间，为了激励孩子们勤奋学习，我们几乎每天讲一个名人勤奋的故事，然后做一番讨论。有时候也请这个小男生来讲讲，他有时候拒绝，有时候也讲一两句。时间长了，他慢慢变得会上课认真听讲了，也会读一些课外书了……

链接

相传有一种鸟叫寒号鸟。夏天的时候，它全身长满了绚丽的羽毛，非常漂亮，它认为自己是天底下最漂亮的鸟，连凤凰都不如自己。于是，它整天摇晃着羽毛，扬扬得意地唱："凤凰不如我！凤凰不如我！"到了秋天，天气渐渐变凉了，有的鸟结伴飞往南边，准备在那里度过寒冷的冬天；有的鸟整天辛勤忙碌，积攒过冬的食物，修筑巢穴，以抵御寒冬。只有寒号鸟非常懒惰，既没有本领飞往南方，又不愿意辛勤劳作,筑巢过冬。有的鸟劝说寒号鸟赶快筑巢,它不以为然地说:"着什么急啊! 这么好的天气正适合睡大觉,过几天再筑巢也晚不了。"

冬天来了,天气变得寒冷极了,其他鸟都回到了自己温暖的巢穴里。这时,寒号鸟身上的羽毛已经脱落,它只好躲在石缝里,冻得浑身直打哆嗦,不停地叫着:"哆嗦嗦,哆嗦嗦,寒风冻死我,明天就垒窝。"然而,等到天亮后,太阳出来了,寒号鸟忘记了昨晚的寒冷,不停地唱着:"太阳下面暖和! 太阳下面暖和!"就这样,寒号鸟一天天地混着,一直没有筑巢。最后,它没能挨过寒冷的冬天,冻死在石缝里。

心得

----

29 三人行，必有我师焉：择其善者而从之，其不善者而改之。(《论语》)

几个人同行，其中必定有能做我老师的人：选择他的优点来学习，看到他的缺点要反省自己并加以改正。

案例

有一天，我念了一段话："在美丽的班级上映的故事里，最近诞生了一位主角——他在哪里呢？哦，在这里。你看，聚会了，他坐得最好，把班级荣誉揣在胸口——他没有伸伸胳膊腿，没有弯弯脖子和腰。挺直的脊背，端正的容貌，理所应当是队伍的主角。你说什么？你认识他！他经常被老师放在心头！是啊，在家里，他体恤家人，关爱父母，洗碗刷筷，理柜整橱；在学校，浇花灌苗，擦桌拖地，尊师敬长，帮弱扶小……哦，你说对了，他呀，就是亲爱的 A 同学呦！"

当我读完这一段话，全班自发响起一阵热烈的掌声！尤其是坐在 A 同学旁边，一直跟他是"死对头"的 B 同学，她的掌声更热烈，微笑更真诚，两只鼓掌的手几乎要伸到 A 同学的胸前。"三人行，必有我师焉：择其善者而从之，其不善者而改之。"孩子们懂得这个道理，就会看到他人的长处！

链接

孔子的择师标准是宽泛的，"三人行，必有我师焉：择其善者而从之，其不善者而改之"。不管是什么人，只要在某一方面优于他，都有资格做他的老师，这就是孔子的择师观。司马迁记录"孔子之所严事"的师承："于周则老子；于卫，蘧伯玉；于齐，晏平仲；于楚，老莱子；于郑，子产；于鲁，孟公绰。"其实这些人在综合学识上都不及孔子，不过有其所长罢了。孔子能就其所长虚心请教，勇于拜师，由于这种宽泛的师道标准，在知识和道理上不择细流、不让细土，孔子才终能如江海、泰山一样成其大，成其高。

㉚ 有真才者，必不矜才；有实学者，必不夸学。
（金缨《格言联璧》）

> 有真才能的人不会因有才而骄傲，有真学问的人不夸耀学问。有真才实学的人，懂得学无止境的道理，要求自己活到老学到老。

案例

按照惯例，学校每年要评选"孝道之星""读书学习之星""公益实践之星"等。孩子们一旦被选上，他的"事迹"和"照片"就会被做成海报，贴在学校走廊的墙壁上。很显然，这是一种莫大的荣耀。可是当我们坐在教室讨论应该选谁时，大家纷纷报出一个个同学的名字——A 同学、B 同学、C 同学、D 同学、E 同学，这些名字在呼喊的"浪潮"中冲上"浪尖"。可是，这几个同学都一再推辞！请看他们的陈述：

A 同学：大家好，我很荣幸被选为"寒假孝顺之星"，但是，这个"冠冕"我不敢受。说孝顺，我不过是做了一些平平常常、普普通通的小事。"子欲养而亲不待，树欲静而风不止。"孝敬从现在做起，不要等到"亲不待"，到时候再去报终天之恨，后悔已迟。

B 同学：大家好，"旧书不厌百回读，熟读深思子自知"一直是我的座右铭。读书是我的一大爱好。在这个寒假里，我一共读了 20 余本名著，写下随笔 21 篇。感谢老师和同学，让我有机会参选"寒假之星"，在今后的日子里，我会更加努力突破自己！

几番推辞，我最后以支持学校的工作为名，孩子们才答应"对号入座""摘星入怀"。这些孩子在经典文学的熏染下，真正做到了谦卑、朴实、不浮夸、不吹嘘，"不矜才，不夸学"。

链接

　　三国时期的祢衡恃才傲物，目空一切。孔融欣赏祢衡的才华，多次向曹操举荐他，祢衡却称病不肯见曹操。曹操封他为鼓吏，想要羞辱他，不料反被祢衡裸身击鼓而羞辱。曹操非常生气，但也不想担负"杀才"的骂名，便忍住没杀祢衡，把他送给了刘表。刘表对祢衡礼节周到，把他当作上宾。受到礼遇的祢衡并不知足，反而变本加厉地讥讽刘表的亲信。于是，刘表的亲信就势诬陷祢衡，时间一久，刘表也起了杀心，但是他也不想留下杀名士的恶名。刘表知道江安郡太守黄祖性情暴躁，就把祢衡送到江安。到了江安的祢衡依旧不安分，又当众辱骂黄祖，最终被黄祖所杀。

心得

㉛ 不积跬步，无以至千里；不积小流，无以成江海。（《荀子》）

如果不一步一步地积累，就没有办法到达千里远的地方；如果不积累细小的流水，就没有办法汇成江河大海。

案例

"不积跬步，无以至千里；不积小流，无以成江海。"这句名言在教育教学当中有很好的引导作用。经常有孩子因为学业有些小进步而沾沾自喜，因为一次考试成绩提高了就有点骄傲，我就会不断地引导他们："你的大目标在哪里？定好了大目标，你现在只是取得了一个阶段性的进步。'不积跬步，无以至千里'，意思是说你的目标是在千里之外，要想实现你的大目标，你需要坚持不懈地努力。你每走一小步，离成功就近一点……"只有这样不断地鼓励孩子们，孩子们才能每天克服自己、超越自己，不断努力，成为一个优秀的人。

链接

我国著名的京剧表演艺术家梅兰芳8岁时去拜师学戏，唱了一小段《三娘教子》，老师傅摇头叹息："唉，祖师爷没赏你这碗饭吃啊！"这句话给梅兰芳巨大的打击。"青衣全靠这双眼睛表达感情，你能暗送秋波吗？简直是死鱼眼睛嘛！"老师傅接着教训。"是，师傅说得对，徒儿一定努力改。"小小年纪的梅兰芳虽然委屈得想哭，但是没有忘记尊师重道，从自己身上找原因。

从那以后，梅兰芳默默发誓一定要刻苦努力，让老师傅满意。不会背的戏文，他念上上百遍；声音干涩，他就每天天不亮起来练声；为了摆脱"死鱼眼"的论断，他对着自家的鱼缸，用眼波跟着鱼儿游动，终于练就能表达情感的双眸。功夫不负有心人，梅兰芳终于练成了声音圆润、明眸如水的小青衣。11岁的梅

> 兰芳第一次登台表演，就以精彩的演出博得了满堂彩，从此一炮而红，成了剧团的"台柱子"。名气大了的梅兰芳依旧发奋用功，潜心钻研，终于研究了一种新的唱腔，成为"梅派"京剧的创始人。

心得

第 四 章

谦谦君子

32　质胜文则野，文胜质则史。文质彬彬，然后君子。

（《论语》）

> 质朴多于文饰，就会显得粗野；文饰多于质朴，就会流于虚浮。只有文饰与质朴兼备，才能成为君子。

案例

某学期末，我给孩子们念总结词："A 同学，还记得吗？那天下午，课间餐的橘子少一个，没办法分了。你说你不要，我问你为什么不要，你笑而不答。我又问你是看到别人没有，自己就不吃了，还是自己不想吃？你没说话，还是笑。我说两者都有，看到别人没有橘子了，正好你吃不吃都可以。你说是的。那次，你给大家留下了很深的印象，大家都觉得你诚实而且真实！还有一次，同学不小心洒了牛奶，你迅速帮他把地面上的牛奶擦干净，一点都不怕脏哦！难怪大家喜欢你！"《论语》说："质胜文则野，文胜质则史。文质彬彬，然后君子。"大家一致认为，A 同学就是这样的君子。

链接

有一次，孔子和弟子们谈到与子路初见时的情形。孔子说："子路当时一脸胡子，嗓门粗大，身佩公猪形饰物，腰挂长剑，头上居然插着长长的公鸡毛，还染得五颜六色。"子路不好意思地说："我当时是个野蛮人，还觉得很威风，现在想起来实在太丢人了。我那时恃勇好斗，见老师只是出于好奇，想看看人人都尊敬的夫子到底长什么样子，根本就没想过跟随老师学习。老师问我喜好什么，我说喜欢长剑，还反问老师：'大丈夫立于天地，有武功就行，还需要学其他的吗？'老师这样告诉我：'质朴多于文采就会显得粗野，文采多于质朴就会流于浮华。文采和质朴搭配适中，才能成为君子。'"

33 君子莫大乎与人为善。(《孟子》)

君子最高的德行就是同他人一起行善。成语"与人为善"指以善意的态度对待别人，为他人着想，乐于助人。

案例

A 同学把自己当值日班主任的机会让给了 B 同学。我们都看得到 B 同学的进步，作为男生，他有调皮的一面，有时还会与他人发生激烈的冲突。但是，为什么他最近进步这么大呢？大家一致认为他有一个优秀的同桌。作为优秀班干部，A 同学从来没有投诉过 B 同学，也从未嫌弃过他。相反，她经常跟老师分享她看到的 B 同学的优点。在 A 同学的建议下，B 同学做了周四的班级路队长；在 A 同学的建议下，老师同意她把自己当值日班主任的机会让给 B 同学……事实证明，优秀是一种美德，可以互相影响——B 同学趁 A 同学不在时，也会悄悄帮 A 同学的忙了。记得那天 A 同学不在教室，B 同学就把 A 同学的桌面收拾得整整齐齐……A 同学、B 同学已经是名副其实的金牌同桌！

我们把"金牌同桌"的荣誉颁发给他们两个——除了授牌，还有加分。当我们宣布给他们每人加十分的时候，他们都表示不要加！理由只有一个——"君子莫大乎与人为善"，作为同桌，大家互相帮助是应该的！

链接

有一次，孟子对他的学生说："禹在听了好话之后，就会对那个说话的人敬礼；伟大的舜就更加厉害了，他经常抛弃自己不足的地方，去学习别人的优点，然后去做善事。舜开始是一个农民，后来又学会做陶器、当渔夫，一直到最后成为尊贵的天子。可以说，没有哪个优点不是从别人那里学来的。吸取别人的优点来弥补自己的缺陷，然后去做好事，这就等于带领他人一起行善积德。所以说君子的最高德行，就是同别人一起做好事。"后人从孟子的这段话中，提炼出"与人为善"这个成语，用来表示和别人一起做好事，现在也指批评别人的时候要采取善意的态度，这样才能够帮助别人进步。

心得

34 君子成人之美，不成人之恶。(《论语》)

君子成全别人的好事，而不助长别人的恶行。

案例

有一回，著名作家曹文轩先生到学校做讲座，我们班有6个听课名额。我们从班级写作水平和写日记的态度来权衡，最后确定11个候选人。听课名额只有6个，这名同学想去，那名同学也想去……一时间很难做抉择。后来有人提议投票，但接着就有人反对，说不公平……时间一点点过去，也没有商量出可行的办法。这时候，有一名同学默默地站起来——这名同学说她愿意把机会让给别人！话刚落，嘈杂的教室立刻安静下来。但是，我和全班同学都一致认为，这名同学必须去，因为她每周的日记都那么优秀，从不偷懒，而且她是此时唯一决定退出的那个人。"君子成人之美"，在她的感染下，其他十名候选人也纷纷表示愿意退出，让给更优秀、更适合的人。最后，我们只得以投票的方式选出六名同学。

链接

宋代著名政治家范仲淹，经常资助一些贫穷的读书人。有一个孙秀才曾多次请求范仲淹资助，范仲淹第一次给了一千铜钱，第二次又给一千铜钱。可是没过多久，孙秀才又来了。范仲淹问他："你为何三番五次前来？"孙秀才既悲伤又羞愧地说："因为我的母亲卧病在床，我没有足够的钱给她治好病并好好赡养，所以只好三番五次地向您求助。如果我有固定的收入，那我就能空出时间读书学习了。"范仲淹听了之后，说："我观察到你是个谦虚有礼的人，并不像是乞讨度日的人，你这样也不是长久之计。我帮你申请一个学职，这样你就有了固定收入，可以安心在学业上下功夫了，好吗？"孙秀才对范仲淹的帮助感激涕零，一再拜谢之后便离开了。

　　孙秀才在范仲淹的帮助下谋得了学职，日夜苦读。十多年过去了，一次偶然的机会，范仲淹听说泰山脚下有位学问和修养极高的先生，天下闻名。范仲淹前去拜访，一见面，才发现原来这位受人尊重的先生竟然就是多年前资助的孙秀才，心中非常欣慰。

心得

㉟ 君子之交淡如水，小人之交甘若醴。(《庄子》)

> 君子之间的情谊干净平淡得像清水一样，不含任何功利心；小人之间的感情甜得像甜酒一样，存在的只有利益。

案例

班上曾有几个女孩子喜欢玩在一起，经常会从家里带吃的东西到学校，然后我分给你，你分给我。在寝室里也这样，大家休息的时候她们就开始分东西吃。她们以为这样相互交换东西，甚至讨好对方就是友谊，其实学校规定不允许带零食。结果她们不但打扰了其他人休息，还违反了学校规定，被值班的老师找去谈话。我知道这件事后，跟她们聊"友谊"这个话题，告诉她们："'君子之交淡如水，小人之交甘若醴'，君子之交看重的不是这些东西，君子之间的友谊光明磊落、毫不虚伪，平淡如一杯清水，经得起时间的考验；而小人之间表面上亲亲热热、甜甜蜜蜜，实际上一点也不可靠，一旦触及个人利益，便要绝交。"

链接

"君子之交淡如水"有这样一段佳话，唐朝名将薛仁贵因父早逝家道中落，家境贫寒，与妻子住在破窑洞里，邻居王茂生经常接济他们一家。后来薛仁贵为朝廷立下汗马功劳，被封为"平辽王"，很多人都送来贺礼，薛仁贵一一谢绝，唯独收下了王茂生送的"两坛美酒"，打开时才发现竟是两坛清水。薛仁贵见了，非但不生气，还命人取来大碗，当众喝下三大碗，说："我落难时得到王兄的帮助，我不收厚礼，唯独收下王兄的清水，正是因为我知道他家贫寒，送清水也是他的一番善意，这叫'君子之交淡如水'。"

(36) 君子乐得做君子，小人枉自做小人。(《增广贤文》)

高尚的君子以高尚为乐，卑鄙的小人自甘卑鄙。

案例

有一回，几个孩子在课外活动的时候打篮球，在抢球的过程当中发生了争执。A 同学先踢了一下 B 同学的屁股，接着又打了他的后脑勺。B 同学虽然很愤怒，但还是忍住没还手，后来到办公室把整件事讲给我听。我们在办公室交流了很久，我问他："他打你，你为什么没有还手？而是选择跑开？"他说："虽然当时很委屈、愤怒，也被打得很痛，但我还是压制住还击的冲动，'君子乐得为君子，小人枉自做小人'，不能锱铢必较、以牙还牙。"后来，两个同学的家长也过来了，家长的态度比较好。A 同学在老师的教育和 B 同学的一番话中，认识到了自己的错误，为自己的行为深感羞愧并真诚地道歉。事后 A 同学听说 B 同学的伤有点严重，全程陪着 B 同学去医院检查，一直到 B 同学痊愈。这段时间，A 同学一直非常关心 B 同学。

链接

据说苏东坡曾经有一次去拜访高僧佛印，两人相谈甚欢。正谈得兴起的时候，苏东坡突发奇想，忽然把佛印的袈裟披在身上，问他："大师，你看我现在像什么？"佛印笑笑说："嗯，像佛。"说完佛印反问苏东坡："那么，你看我像什么？"苏东坡受到佛印夸赞有些得意忘形，有心刁难大师，故作不屑地说："我啊，看大师像一堆牛粪！"佛印听了只是笑了笑，没有言语。

苏东坡回家将这件事告诉了苏小妹，苏小妹听后给他泼了冷水道："唉，你这回可是输惨了，太失礼了！"苏东坡疑惑不解。苏小妹轻叹一声，告诉他："一个人心中是何种事物就会看到何种事物，佛印心中有佛，因而才会将你看成一尊佛。而你呢，因为心中存有污秽的东西，所以才会看到牛粪。论心界胸襟，你都与佛印大师相差太远了！"苏东坡顿时了然，羞惭不已。

弘一法师对此体悟良多，他认为，小人总会乐于去打探君子的过错，但是君子以知道小人所做的坏事为耻辱。这句话正是说明了君子与小人在心胸上的差异，一个人的胸襟、气度或心界宽广与否，就自然给他们的品质划出了界限。

心得

37 君子喻于义，小人喻于利。(《论语》)

> 君子懂得的是道义，小人懂得的是私利。这句话指君子与小人的价值取向不同。

案例

"我们就应该提前吃饭！""凭什么让我们等！好菜都被他们打光了！""为什么？为什么我们这么晚吃？""你要干吗？我就要排在前面！"……这是生活老师再现给我的"激动"画面——每个男孩子都义愤填膺，言辞激烈，原因就是稍稍来晚了一些，餐厅里一排排长长的队伍让他们心生埋怨。埋怨的直接原因有两个：一是打不到可口的饭菜，二是中午的思维班可能迟到。

"同学们，你们怎么看这件事情呢？"那天上午，我跟相关的同学进行了交流。"有些菜太难吃了！""我们是思维班的，凭什么吃这么晚？"……各种补充，各种生气，再一次爆发。我笑了笑："你们想听听我的看法吗？你们不想吃的菜，可能其他人也不想吃哦。你们不想管篮球，可能其他人也不想管哦。你们想抢到篮球场，其他班也想抢到哦。但是，我们读过《大学》，'国不以利为利，以义为利也'，读过《论语》，'君子喻于义，小人喻于利'。倘若每个人都想着自己的利益，校园就乱了，你愿意在一个乱糟糟的学校学习生活吗？"

我还想继续说，A同学打断了我。"老师，我觉得我错了，不应该对生活老师大吼。是的，为什么我一定比别人先吃，而且要吃好的？这样想不对。'以利为利'是小人所为，我是君子，应该首先想到别人。"A同学看了我一眼，我点了点头，他继续说："我要向生活老师道歉……"

链接

战国时期，梁国国君有一次带着大臣外出围猎，突然看到一群大雁栖息在道路两侧。国君大喜，吩咐不要惊动大雁，拿起弓箭就要射时，一个路人从路旁穿插而过，大雁纷纷飞走。国君真是气不打一处来，于是把弓拉满，对准了路人。正在这时，车夫公孙袭一个跨步上前，按住了弓箭，对国君说："齐景公做国君时，遇到了一场大旱，眼看着百姓都要活不下去了，齐景公占卦求雨。卦象上说，如果要下雨，必须用活人来祭神。齐景公并没有按照卦象所说去做，而是向天叩头，说：'我求雨是为了我的百姓，我不能因为求雨而杀掉我的百姓，如果一定要用活人来祭神，那就用我好了。'话音刚落，大雨倾盆而下。国君，您知道这是什么缘故吗？"国君不解。车夫接着说："因为齐景公有德于天下，所以上天就更为照顾他的子民。现在，您为了几只大雁就要射杀您的子民，那和虎豹豺狼有什么区别？"这本是大逆不道的言论，车夫以为国君要治他们罪，却没想到梁国国君一把把他拉到了车上，并排坐下，就这么一路回到了皇宫。百官闻讯，前来相迎，国君高兴地对大家说："别人去打猎，经常会得到一些禽兽；而我去打猎，却得到了一个能言善言的人。"

心得

38　君子求诸己，小人求诸人。（《论语》）

君子严格要求自己，小人严格要求别人。

案例

　　有两个同学不仅没有如期完成学习任务，还找各种理由一拖再拖。我很生气了，没找到戒尺，索性拿起一把扫把佯装要教训人。"孟子说挟太山以超北海，语人曰'我不能'，是诚不能也；为长者折枝，语人曰'我不能'，是不为也，非不能也。你们两个，无论从哪个方面说，学习任务没有完成，就是'不为'，而非'不能'。况且，两周前你们自己定好的日期，说如期完成任务。可是一再拖延时间，已经是第三次重新约定上交时间了……真是没有信用可言啊……"我强压住心中怒火，语重心长地说，"道理讲了很多遍，你们自己说，这次该不该打？怎么打？"经过商议，决定让我打他们手心。于是我打完两个孩子的手心后，对他们说："'教不严，师之惰'。老师也有责任，君子求诸己，现在我也要为你们的行为负责。你们也要惩罚老师，来，打老师的手心！"他俩一个哭了，不肯打；一个拿起扫把，轻轻地打了两下。我想，对于孩子的不足，我们不必要长篇大论地讲许多道理，我们只需要做到君子求诸己，相信孩子会耳濡目染，然后跟着学习的。

链接

　　诸葛亮死后，蒋琬成为蜀国大司马。有一次，他找东曹掾杨戏商谈事情，杨戏却默然不语，没有表态。有的官员看了，很生气，对蒋琬说："杨戏这样怠慢上司，理应受到处罚。"蒋琬回答："如果当面顺从，背后议论，这是古人引以为戒的。杨戏如果说赞同我的话，则不是出自他的本意；如果说反对我的话，又怕暴露了我的过错。这就是他默不作声的原因，也是他耿直的地方。哪能因此而处罚他呢？"

还有一次，督农杨敏诋毁蒋琬："蒋琬的能力比不上前人。"有人将杨敏的话告诉了蒋琬，并请求追究杨敏恶意中伤的罪责，蒋琬却说："杨敏说的是实话，我的确不如前人（指诸葛亮），这有什么可追究的？"后来杨敏因事被关进牢里，蒋琬并没有因以往的事进行报复，而是从轻发落了他。蒋琬宽厚待人的胸襟赢得了众人的拥戴。

心得

39 君子坦荡荡，小人长戚戚。（《论语》）

君子胸怀坦荡，光明磊落；小人斤斤计较，患得患失。

案例

A同学的家长不止一次向我反映孩子因为梦到与同学关系不和而哭醒，于是，我找到当事人B同学和C同学，跟他们谈起这件事。一开始，两名同学都纷纷指出A同学的不足，其间还颇有些义愤填膺的意思。我请他们一一列出A同学的缺点，表示赞同他们的看法。然后，我和他们聊起同学给我取外号一事，我说："其实，我有点难过，我以前的学生都说我是没有外号的老师，可是教你们，我突然有了外号。唉……"我自嘲地对他们笑笑。"老师，他这样做是不对的，是对您不尊重。"B同学说。"是啊，我还是有些难过的。哦，对了，你们觉得你们有什么做法伤害到了A同学吗？"我这句话一出口，两个人都沉默了。过了一小会儿，C同学说："我们给她取外号，很伤她的自尊心……""是的，我们太过分了……"B同学说。

随后两名同学真诚地向A同学道歉，我知道A同学也是很懂事的孩子，当她感受到两位"邻居"的诚意时，也定会改正自己的错误。"君子坦荡荡"，他们都是这样的孩子，我更喜欢他们了。

链接

孔子的弟子子夏家里十分贫穷，穿着破烂不堪。在孔子弟子中，子夏的才学名列前茅，于是有不少人劝他出来做官。子夏说："诸侯们凭借他们的地位向我炫耀，以为他们如何了得，我不会做他们的臣僚，也不会去见在我面前摆架子的大夫们。"子夏以读书提高自己的素养为乐。他去看曾子时，曾子看子夏身体壮实，胖乎乎的，便问道："你怎么这么胖呀？"子夏说："战胜了，所以

才这么胖。"曾子感到不解，便问道："你说的是什么意思啊？"子夏说："我在家读圣贤书，看见先生所讲求的仁义，便以此为荣；出门看见达官豪族们的富贵，又觉得这才是人生所应追求的。这两种想法在我的心中不断战斗，搞得我不知所以，谁也胜不了谁，所以那时很瘦弱。现在先生的仁义胜出了，所以我长得这样胖。"子夏心胸宽广，胸怀坦荡，深得孔子真传，成为一代儒者。

心得

40　君子务本，本立而道生。(《论语》)

君子致力于根本，确立了根本，道也就自然产生了。

案例

班上有一个小姑娘，因为家里添了个小弟弟，再加上妈妈身体不好，爸爸就想让她继续住校。她爸爸说小姑娘在家管不住自己，又不听父母的，晚上回到家不是看电视就是吃东西，作业完不成，连睡眠都保证不了。但是小姑娘不同意住校，非要回家，因为这事经常在教室里哭。我了解情况以后，找父女俩谈过好多次。其中有一次，我跟她说："爸爸爱你，你提出来的要求，爸爸答应了，那是爸爸对你的慈爱，这是做父亲的根本。那么作为儿女，你的根本是什么？你现在是个学生，应该以学习为主，修身做君子。首先把自己的事情做好，在家里自己的事不能做好，父母就会担心，所以就让你住校。作为孩子，孝是你的根本，现在你有了弟弟，爱护自己的小弟弟也是你做姐姐的根本。"

君子要务本，我和她爸爸交流过很多次，最后答应她不住校，但自己的事情必须自己做。虽然开始做得可能不尽如人意，但慢慢一直在改进，现在已经能自律了。

链接

什么是"本"？"本"就是基础、根本。至于"本立而道生"的"道"是什么，这个就几乎没有异议了，即"仁爱之道"。儒家所谓的"道"不是靠别人当头棒喝得来，而是君子一点一滴从身边的小事开始做起，从最基础的开始做起，通过不断努力、不断实践逐渐积累，最终实现量变到质变的转化。

41 勿以恶小而为之，勿以善小而不为。（陈寿《三国志》）

这句话是刘备临终前给他的儿子刘禅的话，意思是：不要因为坏事小而去做，不要因为好事小而不去做。

案例

有一天，一个同学和妈妈看见一对卖烤地瓜的夫妇正在大声呵斥一个男孩，从只言片语中了解了大概：这个男孩趁夫妇俩不注意偷地瓜，被抓了个正着。这个同学大概也在夫妇俩的骂骂咧咧中听出了名堂，抓着妈妈的手扭头就走，正当妈妈看着气呼呼的她百思不得其解的时候，她带着非常失望的神情少年老成地说道："妈妈，看来'少时偷针，长大偷牛'绝非虚言哦！"妈妈笑着逗她："那以后我们要不要再送东西给他啦？"她忙不迭地说道："不要啦，不要啦，老师跟我们讲过一个故事啦，遇见一个小偷小摸的人，如果不言行制止，那不是帮他而是害了他呀！"妈妈继续考验着她，喃喃道："不过还好，只是偷了个地瓜哦，应该没什么问题吧？"没想到小家伙若有所思道："书上说啦，'勿以恶小而为之，勿以善小而不为'，恶小而为之，以后要吃大苦头了。"作为一个母亲，她听到孩子这样的见解，还有什么理由不感到自豪？

链接

刘备在临死前对儿子刘禅不放心，除了把他托付给丞相诸葛亮外，还给他写了一封信，信中提到"勿以恶小而为之，勿以善小而不为。惟贤惟德，能服于人"。后来，刘禅在诸葛亮的辅佐下，治理蜀国没有大的失误。诸葛亮死后，刘禅逐渐放纵自己，最终蜀国被曹魏灭掉，刘禅也成了俘虏。

42 夫君子之行，静以修身，俭以养德。非淡泊无以明志，非宁静无以致远。(诸葛亮《诫子书》)

品德高尚的君子，以宁静来提高自身的修养，以节俭来培养自己的品德。不清心寡欲就无法明确志向，不安定清静就不能为实现远大理想而刻苦学习。

案例

学期末对 A 同学的总结语："A 同学，有一次你说：'老师，我知道自己做得不好，真的好难过。'孩子啊，你这样想，让大家不知道又增加了多少对你的爱怜和敬仰。那天你因为和同学打架，静定思过，知错就改，用力点头，泪水满眶。你说：'老师，我会很棒！'是的，大家看到了——发现垃圾，主动捡起；深知自己的行为不对时，便为班级做事；课间餐不够分了，把自己的让给别人；鞋子只要能穿，就不要买新的……孩子，诸葛亮说：'夫君子之行，静以修身，俭以养德。非淡泊无以明志，非宁静无以致远。'你正在明志致远的路上，让人无比欣赏！"

链接

春秋时期，晏婴官至齐国宰相，虽然身居高位，却一直住在一处非常简陋的老宅子里。齐景公过意不去，多次要晏婴迁住新居，都被他谢绝了。有一回，齐景公想到一个"调虎离山"之计。他以出使晋国为名把晏婴调出齐国，然后把晏婴的邻居迁走，扩建了新宅。晏婴回国后，又漂亮又大气的新居已经落成了。但晏婴在谢过齐景公后拆了新居，又按邻居们原来房屋的样子修复了他们的住房，让邻居重新搬回来。齐景公无奈，只得同意。晏婴身居高位却不贪图享受，其高洁的情操正是"淡泊明志"的生动写照。

㊸ 君子以果行育德。(《易经》)

君子果断决定自己的行为来培养美德。

案例

我们的新校服到了，学校统一放在篮球场上，因手上忙着其他的一些事，忘记嘱咐孩子去领，等想起来已经放学了。我想：我的学生是有果行的，他们一定能主动领回去。可是现实是：我走到篮球场，整个年级只剩下我们一个班没有拿。我招呼大家去搬时，有人竟然推三阻四……

第二天上午的品德课，我以"君子以果行育德"为主题，给了孩子们5道关于判断力的题，每道题5分，共25分，做到了加分，没做到扣分。

一、上周三课外活动，你看到其他班在跳短绳了吗？你主动拿短绳了吗？

二、昨天大课间后的第三节课，要去6楼601教室上课，你是带好书本下楼的吗？

三、昨天看到篮球场有校服，你怎么想？主动搬回来了吗？

四、你主动分校服了吗？

五、分校服遇到的困难，你心平气和地处理好了吗？

5道题下来，最终分数整理好，竟没有一人得25分成为真君子。孩子们羞愧地低下了头。我想效果达到了，孩子们认识到了自己的不足。接着，还谈了很多琐事，我们一边讨论，一边理顺，一边反省。我最后说："君子以果行育德。我们都想做君子，每到临事之时，有无正确的决断力和执行力，是考量大家一生的课题啊。亲爱的孩子们，我们一起修行，任重道远呢……"

第五章

反躬自省

44 忧郁的日子里需要镇静。(普希金《假如生活欺骗了你》)

普希金是俄罗斯著名文学家、诗人、小说家,是现代俄罗斯文学的创始人,被誉为"俄罗斯文学之父"。《假如生活欺骗了你》是普希金在朋友奥西波娃十五岁的女儿叶·夫普托克西娅纪念册上的题诗。

案例

"老师,他拿我笔了!""老师,他扯我头发了!""老师,他拿我的铅笔不还给我了!"……此类鸡毛蒜皮的小事每天都要上演,既没有那么多时间,也没有那么多精力处理这些事。于是,我把这首普希金的《假如生活欺骗了你》教给了孩子们,并告诉他们生活并不是一帆风顺的,会遇到很多烦心事,会和同学、朋友发生很多小问题、小矛盾,这时我们要用一颗宽容的心去对待。之后,遇到类似的告状事件,我就起头"假如生活欺骗了你",全班孩子都会一起吟诵"不要悲伤,不要心急!忧郁的日子里需要镇静:相信吧,快乐的日子将会来临……"诉苦的孩子也会跟着一起吟诵,然后再读"饶人不是痴汉,痴汉不会饶人""己所不欲,勿施于人""来说是非者,便是是非人"等格言警句。读完之后,我再问诉苦的孩子:"你刚才跟老师说什么呀?"投诉的孩子甚至会摸摸小脑袋说:"老师,我忘了。"

链接

《假如生活欺骗了你》原诗:"假如生活欺骗了你,不要悲伤,不要心急!忧郁的日子里需要镇静:相信吧,快乐的日子将会来临。心儿永远向往着未来,现在却常是忧郁。一切都是瞬息,一切都将会过去;而那过去了的,就会成为亲切的怀念。"

45 见贤思齐焉，见不贤而内自省也。(《论语》)

看见有德行或有才干的人就要想着向他学习，看见没有德行的人，自己的内心就要反省是否有和他一样的缺点。

案例

有一次自习课，我还没到教室门口就听到了异常吵闹的声音，还夹杂着惊呼声和桌椅摔倒的声音，心想肯定又有人打架了。果不其然，我一推开门，教室里立马安静下来，两个扭打在一块的孩子也住手了，只见他俩还瞪着眼睛怒视对方。于是，他俩被我请到了办公室，要求各自说明打架的原因。双方争执不下，各说各有理，都试图把责任推给对方。面对他们的争辩，我没有做审判官，而说："我知道你们都觉得自己很委屈，你们知道孔子曾说过'见不贤而内自省也'吗？也就是说，我们要做能够看到自己的错误，又能从内心责备自己的人，而不是一味地推卸责任。你们先想想自己哪里做得不对。"听我这么一说，两人都低头不语，有点难为情。我回到教室，把他们留在了办公室。当我再返回办公室时，两人都向我反省了自己做得不对的地方，并且握手言和。

链接

东晋时期，有一对机智聪慧、勤奋好学的兄弟，哥哥叫孙潜，弟弟叫孙放。他们时刻想着学习别人的善行，这点从他们的名字中就可以看得出来。孙潜，字齐由。为什么叫齐由呢？原来尧帝准备把君位让给一个叫齐由的人，但他自感才德浅薄，不敢遵命，遂逃至箕山，农耕而食。尧帝又准备请他做九州长官，他便去颍水边上洗耳朵，表示不愿意听到。孙潜觉得应该学习这种谦让的精神，所以取名"齐由"。孙放，字齐庄。庄子是古代的著名思想家，而孙放觉得自己应该向庄子学习，所以取名"齐庄"。兄弟二人这种见贤思齐的精神，不正是今天的我们应该好好学习的吗？

46　见善如不及，见不善如探汤。(《论语》)

> 看到善良的行为，就担心达不到；看到不善良的行为，就好像把手伸到开水中一样赶快避开。

案例

A 同学和 B 同学打架了。经过一节课的反思，他们相互道了歉，握手言和。事情没有结束。当 A 同学含泪讲述事情的经过时，我也请当事人换位思考——如果你是 A 同学，你现在的心情是怎样的？

由 C 同学创作，D 同学续编完善，E 同学修改，六名同学重点参与传唱的一首歌，严重伤害了 A 同学的自尊！我对大家说："不去听大家唱了什么，看到 A 同学近乎疯狂的举动以及他的眼泪，我感到愤怒！我们都明白'见善如不及，见不善如探汤'，大家是如何做的？我们都清楚'利刀割体伤犹合，恶语伤人恨不消'，同窗犹如兄弟姐妹，竟然戏弄嘲笑，让人怎能忍受？今天，以此事为戒，并请同学们谨记：勿以恶小而为之，勿以善小而不为！"

链接

明朝有一位著名的清官叫刘大夏，他被任命为广东右布政使。一天，刘大夏到库中清查，发现有一项羡余钱（正赋外的无名税收）没有上账，库吏告诉他，这项羡余钱从来不上库簿，都是历任布政使中饱私囊的小金库，并请刘大夏照例办理。刘大夏沉吟了好一会儿，突然大声对自己说道："刘大夏啊，你平日读书求道，为何遇上这么一件事就沉默这么久？实在有愧古人，不是一个大丈夫啊。"说罢，命库吏将这项羡余钱如数登入库簿作为正式开销，自己分文未取。正是因为能够这样自警自责，刘大夏做官始终保持清正廉洁。

47 见其过而内自讼。（《论语》）

能够看到自己的错误，又能从内心责备自己。

案例

有一回，班上有两个孩子打架，打得正激烈的时候，几个男生竟然手搭"凉棚"，蹲在椅子上，学孙悟空的样子观战，惹得教室里一片哗然。不得不说，这种气氛使得战争升级也未可知。所以，我给他们讲了鲁迅在东京看到的看客们高呼万岁的故事，然后说："我亲爱的同学们，当你的同学正在打架、好朋友自尊受到侵犯时，你要做看客吗？你要高呼万岁吗？每个人的内心都应该有一个法庭，这个法庭应该公正地审理自己的良心、爱心！孔子说，'已矣乎，吾未见能见其过而内自讼者也'圣人在动荡的年代发出无奈的悲叹，今天的我们将如何做自己的法官？"

链接

夏朝初期，有扈氏发动叛乱，率兵入侵。夏禹震怒，于是派他的儿子伯启率精兵前去抵抗。但是，伯启吃了败仗，被有扈氏打得落花流水。伯启的部下很不服气，他们咽不下这口窝囊气，摩拳擦掌，要求重整旗鼓，继续进攻，誓与有扈氏决一死战。但伯启阻止了他们，沉痛地劝说道："不必了，我的兵力比他的多，土地也比他的宽广，竟然打不过人家，这究竟是什么原因呢？想来一定是因为我的德行不如他，统领军队的方法也不如他！现在我最需要做的是努力改正自己！"班师回朝后，他每天坚持早起，认真工作，每餐只吃粗茶淡饭，重视和关照百姓们的生活，大举任用有才干的贤士，尊敬有品德的君子。如此过了一年，有扈氏竟不敢再率兵入侵，因为他已经意识到，今日的伯启已不同往日，他已成为一个非常强大的对手！

48 良药苦口利于病，忠言逆耳利于行。(《孔子家语》)

> 好的药物虽然味苦，但对治病有利；忠诚的劝告和尖利的批评听起来不顺耳，却对改正错误的言行有利。

案例

经常有孩子因写作业、考试不认真、丢三落四而被家长或老师教育。我班有一个男孩，父母对他的期望很高，但是他是个粗心大意的孩子。他经常匆匆写完作业，没有认真检查就把作业塞进书包；考试时常犯低级错误，不是漏做一题，就是少了个小数点；忘记带书、带笔的事也经常发生……为此，这个男孩没少受父母和老师的严厉批评。有一次期中考试，他竟然把数学学具落家里了，赶紧打电话叫妈妈送到学校来。他妈妈一接电话就火冒三丈，在电话里狠狠地骂了他一通，送到学校来的时候又训了他一顿。他十分委屈，被骂得呜呜哭起来。我请他到办公室，先安慰一番，然后语重心长地说："良药苦口利于病，忠言逆耳利于行。妈妈的话虽然说得重了点，但都是为了你好。历史上，蔡桓公讳疾忌医，最后丢了性命；刘邦因为听了张良的劝告，离开了有无数美女珍宝的秦宫，最后取得了天下……"

链接

刘邦、项羽起义的时候，兵分两路攻打秦军。刘邦率十万大军攻破晓关，在蓝田大败秦朝关中守军，便带领部队顺利进入秦朝的咸阳宫。他被宫中的美色珍玩所吸引，准备在秦宫尽情尽兴地玩个够。他的连襟兄弟樊哙劝他不要这样做，要以天下为重，但刘邦听不进去。这时，张良走了进来，向刘邦陈述利弊得失。他非常真诚地对刘邦说了这么一句："良药苦口利于病，忠言逆耳利于行。请沛公听樊哙言。"刘邦思忖良久，觉得樊哙和张良说得有道理，便果断地率领军队离开了秦宫，驻扎到咸阳郊外的霸上，并下令不许扰民。

49 过而不改，是谓过矣。(《论语》)

犯了错却不加以改正，这才是真正的过错。

案例

我曾经很困惑，为什么孩子不诚实？后来我发现，大人有时也难做到诚实。诚实不仅需要内心有力量，更需要一个放松、自由、充满爱和善的环境。

一天，黑板前的地面上又有了一颗枣核。值日生边扫边小声嘟囔："不知是谁扔的……"我轻轻问："谁扔的？'过而不改，是谓过矣'，敢承认是需要勇气的。虽然做得不对，但是，你只要知错，我绝不批评。"A同学站起来了，说："是我，本来想'投篮'，没投进，就没再管……"他面露羞涩，我赶紧说："诚实是需要勇气的，你很了不起，老师佩服你！"教室里一下子充满了掌声。

生活老师说有三个人吃了饭，脏碗也不收。我问孩子们是谁，好不好意思承认呢？话音刚落，有三个孩子立即起立，不好意思地说因为走得急，忘记了，以后一定注意。

也许有人会提出各种反对意见，比如，他们承认了也不改，或者太自由了会出问题。那我只想说，如果他们不承认呢？所谓的"太自由"是什么意思？现代人总喜欢用"中庸"和稀泥，其实不然。中不偏，庸不倚，中庸是最好的人生智慧，不走极端，不钻牛角尖，不进行一元思维，多进行二元、多元思维。如夏山学校的创始人尼尔所言："你不懂我说的自由，自由不是泛滥。给孩子们健康的思想以自由，告诉他们——你不需要成为另一个人，你已经是生命的奇迹。"

链接

后周大将贺敦自恃才高功大，经常大发牢骚，遭到宇文护逼害。贺敦临死前，对儿子贺若弼说："我有志平定江南，为国效力，而今未能实现，你一定要继承我的遗志。我是因为这舌头把命丢了，这个教训你一定要吸取啊！"说完，他拿起锥子，刺破了儿子的舌头，想让他记住这血的教训。

后来贺若弼做了隋朝的右领军大将军。他不但没吸取父亲的教训，反而秉承了父亲的臭毛病，经常怨声不断，认为自己当宰相也是应该的。因不满功绩不如他的杨素做了尚书右仆射，不满的情绪和怨言便时常表露出来。隋文帝杨坚听说后，便将贺若弼逮捕下狱，因为他有功，不久又把他放了。但他仍不吸取教训，又对人夸耀他和皇太子杨勇的亲密关系，说："皇太子跟我情深意切，连最机密的事都对我附耳相告。"隋文帝得知他又在胡说八道，就把他召来问话。因他言语不慎得罪了不少人，朝中一些公卿大臣怕受株连，都揭发他曾说的对朝廷不满的话，并称他罪当处死。隋文帝念他劳苦功高，只把他的官职撤了。

心得

50 毋意，毋必，毋固，毋我。（《论语》）

孔子认为应该做到：不凭空猜测，不独断专行，不固执己见，不自以为是。

案例

A同学中午休息的时候在教室门口玩球，另一个经常一起玩，但又经常闹矛盾的B同学也来一起玩。玩着玩着，球滚到隔壁班去了，然后两个人都跑过去找这个球。A同学以为B同学跑进去跟他抢球，于是，两个人就发生争执，然后你推我我推你。当时场面非常混乱，我就把他们带到办公室，问到底怎么回事。他们就各说各的理，我也听不清楚他们在吵什么，让他们出去把事情演一遍。演完后，A同学说："其实他不是来抢我的球，不是来跟我打架，是来帮我的。"说完他特别不好意思，因为平时两个人在一起玩的时候，玩着玩着就闹起了矛盾，成了冤家，所以这次也主观臆断，固执地认为又是B同学捣乱。

还有一次，A同学和妈妈边散步边聊天，说："妈妈，假如你是小偷，我是警察……"他的话还没有讲完，妈妈有点生气，觉得受到了侮辱，感情上接受不了，两人矛盾升级，吵得不可开交。后来她妈妈接他的时候，和我说起这件事情。我说先听孩子怎么讲，孩子说没有任何意思，只是纯粹举个例子。我就拿"毋意，毋必，毋固，毋我"这句话给他们分析，最后母子俩非常开心地谅解了对方。如果一个人"意、必、固、我"，那是非常可怕的事情。什么事都从自己想到的、看到的出发，得到的结果往往与事情的真相相悖，与感情世界也是相悖的。

链接

东汉初年，班超担任西域都护使，威慑西域诸国。在他任期内，汉朝西北部边疆及西域地区一直和平安宁。朝廷为嘉奖他的功劳，特封他为定远侯。班超退休后，任尚接替他的职务。

任尚前去拜访班超，请教治理西域的方法。班超打量了任尚一番，说道："做事不能一板一眼，当水太清时，大鱼就没有地方躲藏，它们也就不敢住下来；同样，为政之道也不能太严厉、太挑剔，否则就不容易成功。对西域各国未开化的民族，不能太认真，做事要有弹性，大事化小、繁事化简才是。"任尚听后口头上表示赞成，内心却不服："我本以为班超是个了不起的人物，肯定有许多高招教我，却只说了些无关痛痒、无足轻重的话，真是徒有虚名。"任尚把班超的忠告当成了耳旁风，他到达西域后，严刑峻法，一意孤行。结果没过多久，西域人便起兵闹事，该地从此失去了和平，又陷于频繁的交战状态。班超管理西域数十年，他的成功经验是十分宝贵的。可惜的是，任尚自以为是，不但没听从班超的正确意见，还反其道而行之。因此，他后来铸成大错就是必然的事了。

心得

51 见人不是，诸恶之根。见己不是，万善之门。

（金缨《格言联璧》）

> 只看见别人的过失，这是造成各成罪恶的根源；能看到自己的过失，这是培养各种美德的途径。

案例

下午的课外活动后，路队长 A 同学带大家从操场回教室。上楼途中，A 同学与 B 同学闹着玩，C 同学问："A 同学，你是不是在耍酷？"说完就踢了 A 同学一脚。A 同学呢，马上还了一脚。晚自修，我调查这件事。还没等我仔细问，A 同学难过得掉眼泪，跟我说："老师，我不对！我是路队管理员，更是班长，在带队行进途中不该如此！"我看看 C 同学，问："那么，你以为自己如何？"

C 同学也摇摇头，说："我不该踢他……"《格言联璧》有言：见人不是，诸恶之根。见己不是，万善之门。我请两名同学走上讲台，各自讲了自己的心里话。他们非常坦率，也非常真诚，真正做到了"见己不是"。

心得

------

52 强不知以为知，此乃大愚；本无事而生事，是谓薄福。（金缨《格言联璧》）

明明不知道，还说自己知道的人是世间最愚蠢的人；本来没事，却故意生出事端，这就是所谓的福分浅薄。

案例

"强不知以为知，此乃大愚"可以结合前文"知之为知之，不知为不知，是知也"，适时引导一些鹦鹉学舌、人云亦云的孩子。班上有一个孩子，他经常会在教室里走进走出，碰碰这个，动动那个，来引起别人的注意，不知道这其实会招致别人的反感。渐渐地，很多同学就对他心生厌恶，到我这里告状。后来我告诉他，他的这种行为已经严重影响到了其他同学，这是骚扰别人的行为，是无事而生事，是不可取的。

链接

某央视栏目专访诺贝尔物理学奖获得者丁肇中教授，主持人问："我感觉您对自己每一个人生阶段都有很明确的选择。比方说，小时候对科学、对科学家感兴趣，大学的时候就锁定了要研究物理，然后您所做的每一个实验也是力排众议，自己坚持下来。一个人怎么能够做到每一次选择都能这么坚定和正确呢？"主持人想要获得的答案，大家心知肚明。因为在太多的名人访谈中，这样的问题显然都是为方便对方作秀进行的铺垫。然而，丁教授的回答却是："不知道，可能比较侥幸吧！"

主持人继续追问道："在这里面没有必然么？"丁教授依然回答："那我就不知道了。"主持人不死心："怎么才能让自己今天的选择在以后想起来不会后悔？"丁肇中依然回答："因为我还没有后悔过，所以我真的不知道。"主持人无计可施:"我发现在咱们谈话过程中,您说得最多的一句就是'我不知道'。"

丁教授回答:"是!不知道的却硬要说知道,这在我们那里是绝对不允许的。知道就是知道,不知道的你不要猜。"

丁教授严谨的态度令人钦佩。作为一名科学家,丁教授认为不知道的就一定要回答"不知道"。

心得

53 不患无位，患所以立。不患莫己知，求为可知也。

（《论语》）

> 不担忧没有官职地位，担忧的是自己没有站住脚的学问与本领。不担忧没有人知道自己，只求自己能成为值得别人知道的人。

案例

竞选班长的结果出来了：A同学、B同学、C同学、D同学位居前四名胜出。其实，大家都知道，D同学上学期被罢免过职务，原因不必多讲。此番她被重新选出，是因为她自己的努力和进步。更重要的是，她坦荡地接纳自己的缺点并及时改正。

我经常跟孩子们聊天："我们每个人都是不完美的，接纳我们自己的不完美，是人生中最重要的学习内容。有些不完美，我们可以去修正；有些不完美，会陪伴我们一生。与不完美同在，是重要的心态。所以，你没有被选上，你没有胜出，你没有获奖，你没有成为学霸……不要紧，你去努力啊，你去修正啊！如果终其一生你也没有成为'学霸'，请你不要丧气。'云在青山水在瓶'，这偌大的人世，一定有我们的一条路。而在我们努力拼搏的一生中，很多时候，位置不属于我们，我们也不要怨天尤人。'不患无位，患所以立'——像今天的这几名同学，他们的'位'就是他们的才德换来的。"

链接

韩信出身贫寒，经常靠接济度日，后投奔了项羽，项羽让他做郎中。韩信多次给项羽献计，都不予采纳。心灰意冷的韩信投奔刘邦，依然只能做个管理仓库的小官。

萧何非常赏识韩信，多次向刘邦举荐，但刘邦就是不肯用。后来，刘邦大败，很多跟随他的将领都逃走了，韩信眼看在这里无法受到重用，也跟着逃走了。萧何听说后，连夜把他追了回来。刘邦以为萧何也逃走了，气得要命，后来看萧何回来了，就问他所去为何，萧何说去追韩信，刘邦更加生气了，说："诸将亡者以十数，公无所追；追信，诈也。"萧何说："诸将易得耳。至如信者，国士无双。王必欲长王汉中，无所事信；必欲争天下，非信无所与计事者。顾王策安所决耳。"这次，刘邦听从了萧何的建议，拜韩信为大将。韩信在刘邦的手下屡立战功，威名赫赫，甚至超越了刘邦。汉朝建立后，韩信被封为楚王。

心得

54 待人要丰，自奉要约。责己要厚，责人要薄。
（吕坤《续小儿语》）

> 待人的礼节要丰厚，对待自己要简朴节约。要求自己要严格，要求别人要宽容。

案例

周一中午，凤仙花发出的好几株嫩芽被人连根拔掉，孩子们气愤至极，互相猜忌起来。我调查后知道了是谁干的，跟大家说："这名同学一念之差拔掉了几株嫩芽。这些嫩芽都是一个个生命啊，相信这名同学正在经受良心的考问，他一定痛苦不堪！我不会公布你的名字，但我要知道你是不是如老师想的这样后悔。如果你真的后悔了，请写好纸条放进我的抽屉。"

第二天，我收到了纸条，上面写着：老师，我不应该这样做，求求您原谅我……周三早读后，我给大家讲了12年前的一件事——一名学习优秀的同学利用收学费之便私自扣留了一个人的学费，他最后承认错误，如今成为优秀的人民警察。我告诉孩子们："责己要厚，责人要薄。谁都有可能会犯错，犯错不可怕，只要有改过的心，我们就要宽容他人，给人改过的机会。"最后，我们班达成一致，不再相互猜忌，不追问是谁，给他（她）自我救赎的机会。

链接

山西祁县乔家虽然是巨富之家，但是特别重视节俭，绝不允许有人浪费粮食。有一次吃饭的时候，乔致庸恰巧碰到他最疼爱的小孙子将没有吃完的半碗饭倒掉了。乔致庸就把他叫到跟前，非常严厉地命令他跪在地上，小孙子以前从来没看过爷爷这么生气，开始害怕了。乔致庸拿来书，一遍遍地让他背诵："一粥一饭，当思来之不易；半丝半缕，恒念物力维艰。"孩子的母亲只是远远看着，不敢来说情。直到后来，他跪着哭着承认错误。然后，乔致庸让他坐下来，一本正经地对他再做一番训教，说一遍乔家祖先的艰难创业之路。小孙子保证以后不再犯，才得到了乔致庸的原谅。

子孙浪费半碗米饭，乔致庸要教训半天，但是在灾年的时候，乔家宁愿倾家荡产也要为难民设立粥棚。山西很多大家族的宅院都有戏台，但乔家没有，怕的就是后人玩物丧志，也正是"待人要丰，自奉要约。责己要厚、责人要薄"的精神，才成就了乔家的产业。

心得

55 躬自厚而薄责于人，则远怨矣。(《论语》)

> 多严格要求自己，少责备要求别人，就能避免或减少别人对你的怨恨。

案例

有个女生在班中很有威望，大家都很敬佩她，有纠纷找她调解，有困难找她帮忙，大家都愿意听从她的建议和安排。能得到老师和同学们的认可，这与她的德能和才情有很大关系。比如，她发现路队存在问题，及时跟老师沟通，想出解决办法；捐赠活动前，制订班级集会奖罚措施，以班级荣誉为己任；每次跟同学汇报的时候，都会讲出自己的责任缺失，很少责怪同学。"躬自厚而薄责于人，则远怨矣"，也可以结合"待人要丰，自奉要约。责己要厚，责人要薄"这句话来教导孩子们。

链接

郭子仪在平定安史之乱中立下汗马功劳，是复兴唐室的元勋。唐代宗即位后，将自己的女儿升平公主嫁给了郭子仪的儿子郭暧为妻。有一天，两人吵架。升平公主说自己是公主，出身高贵，郭暧一气之下说："你是公主就了不起了？若不是我父亲打败了安禄山，你们李家的江山怕保不住了。我父亲因为不稀罕皇帝的宝座才没当皇帝。"这在当时，郭暧的话已经犯了对皇上"不敬"的大罪。升平公主听到郭暧口出狂言，立刻跑到宫中向唐代宗告状，希望严惩郭暧，替她出气。不料，唐代宗听完后不动声色地说："这件事你是不明白的，驸马说的都是实情，我们李家的江山是你公公保全下来的，如果他想当皇帝，天下早就不是咱们李家的了。"然后劝公主回去，跟丈夫和和气气地过日子。

郭子仪听说此事后，即刻命人将郭暧捆绑起来送到宫中，要求严惩。唐代

宗却毫无怪罪之意，反而劝慰郭子仪："有句俗话叫'不痴不聋，不为家翁'，儿女们在闺房中吵架的话，岂可当真？咱们只把自己当聋子、傻子，装没听见就是了。"听了代宗这番入情入理的话，郭子仪非常感动，由衷钦佩代宗的宽容大度。

心得

56 来说是非者，便是是非人。(《增广贤文》)

> 说别人是非的人，通常就是搬弄是非的人。这句话告诫我们，与人相处时发现别人的缺点，可以提出来让他改正，但不要在背后说别人的坏话。

案例

A同学和B同学本是非常要好的朋友，可是不知道为什么闹起了矛盾，两人谁都不搭理谁。于是，我问A同学："B同学不是你的好朋友吗？你看她平时对你那么好，有好吃的留给你，有困难时她总是帮助你，你为什么不把她当作自己的好朋友呢？"A同学说："老师，你不知道，我其实也想把她当好朋友，也总是想跟她一起玩。可是我受不了她总在我面前说这个人不好，那个人挺坏，'来说是非者，便是是非人'，这个道理都不懂啊？……"后来，我把A同学的话原原本本地告诉了B同学，然后让两个人平心静气地谈一谈，B同学意识到了自己的问题，决心改掉议人是非的坏毛病，两人又和好如初。

链接

武则天当政时，因信佛下过一道禁止杀牲畜、捕捉鱼虾的旨令。当时右拾遗张德家里生了个男孩，设宴庆贺，偷着宰了只羊。其中有个叫杜肃的人，饱吃一顿羊肉之后，居然向武则天告发张德。第二天早朝，武则天对张德道："你家添了个男孩，可喜可贺呀！"张德磕头谢恩后，武则天又道："可是家中设宴的羊肉是从哪里来的？"张德一听吓出了一身冷汗，连忙跪地认罪。但是，武则天说："我禁止宰杀牲畜，是吉是凶难以预测。可是你邀请客人，也该有选择性，无赖之人不能一起聚会。"说完拿出杜肃的奏折给他看。杜肃卖友求功不成，反遭奚落，无地自容。满朝文武官员无不佩服武则天。

57 己所不欲，勿施于人。(《论语》)

　　自己不想要或不想做的事情，不要把它强加到别人身上去。这句话是指与人相处时不要一味地要求别人去遵循自己的思想和意念，要懂得换位思考，理解宽容别人。

案例

　　班上转来了一个日本小朋友，不会说一句中文。有一次，A同学的书掉在地上，这个日本小朋友不小心踩在书上。A同学不由分说一拳头打过去，日本小朋友的鼻子被打出血了，他捂住鼻子含含糊糊地说了一句话，我当时没有听清楚。发生打人事件，教室里炸开了锅，"流血了""出人命了"……我赶紧把这个日本小朋友送去医务室，才知道他原来说的是"己所不欲，勿施于人"。我很惊讶平时一句中文也不会说的孩子，竟然知道《论语》，事后了解到原来是孩子父亲教的。等我返回教室时，教室里静悄悄的，A同学知道自己闯祸了，头都低到桌子下面去了。于是，我在黑板上写了一句"己所不欲，勿施于人"，然后借机对全班同学进行教育。

链接

　　战国时期，梁国与楚国交界处各设有界亭，亭卒们都在各自的地界里种了西瓜。梁国亭卒勤劳，浇水锄草，瓜秧长势喜人；楚国亭卒懒惰，杂草丛生，瓜秧又瘦又小。楚国亭卒要面子，趁夜把梁国的瓜秧全扯断了。梁国亭卒义愤填膺，禀报县令，打算把他们的瓜秧也扯断。县令听后说："楚国人这样做固然卑鄙，如果我们也这样做，那我们与他们有什么区别？"己所不欲，勿施于人"，你们从今天起每天给他们的瓜秧浇水，让他们的瓜秧长得茂盛，记住不要让他们知道。梁国亭卒虽然不解为何要这么做，但还是照办，每天给楚国的瓜秧浇水。楚国亭卒发现自己的瓜秧长势一天比一天好，仔细一瞧，原来每天都浇过水，顿时明白了是怎么回事，羞愧不已。于是他们把这件事禀报给楚王。楚王听说后，特备重礼给梁王，以表自责、感谢之心。

58 聪明者戒太察，刚强者戒太暴，温良者戒无断。
（金缨《格言联璧》）

> 聪明的人要戒掉太过深究的习惯，性格坚韧刚强的人要戒掉太过暴躁的脾气，性情温和善良的人要戒掉优柔寡断的性子。

案例

在班会上，我告诉孩子们，同学跟同学之间不要那么"明察秋毫"，所谓"天空飘来五个字，那都不是事"。你如果是一个智者，就不要什么东西都搞得特别清楚，因为生活就是一笔糊涂账，生活当中有很多事是难得糊涂的，这样才能培养出大胸襟。

老子曾讲过"坚强者死之徒，柔弱者生之徒"，刚强者戒太暴。班上有些孩子特别强势，于是人缘也好不到哪儿去，大家都不喜欢他。有一些性格比较温厚的孩子，正好与之相反，当遇到一些事情或麻烦的时候不知道怎么办，这时就要告诉孩子学习借鉴刚强者坚毅的做法，当断则断。

链接

孔子东游，腹中饥饿，让颜回去讨要些饭食来。颜回来到一家饭馆，说明来意。饭馆主人说："要饭吃可以啊，我写一字，你若认识，我就请你们吃饭，若不认识，乱棍打出。"颜回微微一笑："主人家，我虽不才，但跟随老师多年，不说一字，就是一篇文章又有何难？"主人也微微一笑："先别夸口，认完再说。"说罢，他拿笔写了一个"真"字。颜回哈哈大笑："主人家，你也太欺我颜回了，我以为是什么难认之字，此字我颜回五岁就认识。"主人微笑着问："此为何字？"颜回回答："是认真的'真'字。"店主冷笑一声："哼，无知之徒，竟敢冒充孔夫子门生。来人，乱棍打出。"颜回很无奈，只得回来见老师。叙述完经过，孔夫子微微一笑:"看来他非要为师前去不可。"说罢来到店前,说明来意。那店主写下"真"字,孔老夫子答曰:"此字念'直八'。"那店主笑道:"果真是夫子来了,请。"颜回迷惑不解,问孔子:"老师,那字明明念'真',什么时候变'直八'了?"孔老夫子微微一笑:"有时候认不得'真'啊。"

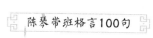

第六章

修身立德

59 德不孤，必有邻。(《论语》)

有道德的人是不会孤单的，一定有志同道合的人来和他相伴。

案例

A 同学成绩优秀，为人正直。B 同学是个特别调皮捣蛋的孩子，总是喜欢捉弄女生。A 同学看不过去，严厉地教训了 B 同学，然而 B 同学恶人先告状，说被 A 同学打了。正当 A 同学想辩解的时候，在场的 C 同学帮忙做证。我正好用"德不孤，必有邻"来表扬 A 同学。

链接

白居易的堂弟白敏中与贺拔基交好，两人结伴去京城参加科举考试。当时的主考官王相起很欣赏白敏中的才学，想取他为状元，可对他与贺拔基的交往不满，便派人带信给白敏中，要他与贺拔基断绝来往。白敏中很想高中，于是，在贺拔基来访时，就让仆人说自己不在家。但是贺拔基刚离开，他就后悔了。他马上跑出去追回贺拔基，将事情告诉了他，然后说："状元有什么了不起，难道比朋友更重要吗？"于是邀贺拔基到家中畅饮。王相起知道后，不但没有怪罪白敏中，反而说："我原来只想录取白敏中，现在我想连贺拔基也一起录取了。"

王相起先是看中了白敏中的才华，随后又通过这件事看中了白敏中的人品，所以将二人一同录取，以表示嘉许。如果白敏中因贪图功名而背叛朋友，那么他不但会失去朋友，而且王相起也不会这么看重他。后来，白敏中成了唐朝著名的政治家、文学家和书法家。

60 人皆可以为尧舜。(《孟子》)

能按照尧舜的思想、言行去做事，人人都可以成为像他们那样的贤人。

案例

昨天，在微信中读到一位家长发来的信息：好久没和孩子一起诵读了，外面下着雨，才六点三十五分，我建议习惯早起的儿子和我一起读会儿书。他拿起《楚辞》，开始诵读屈原的《离骚》，当读到"说操筑于傅岩兮，武丁用而不疑。吕望之鼓刀兮，遭周文而得举。宁戚之讴歌兮，齐桓闻以该辅"时，儿子问我："妈妈，你知道傅说、吕望和宁戚吗？"我很老实地回答不知道。儿子说："那我给你讲讲吧。"接着，他很耐心地讲了傅说、吕望和宁戚的故事。最后，他问："妈妈，你一定知道舜吧，就是被尧任用的那个舜。现在你告诉我，傅说、吕望、宁戚和舜有什么共同点？"儿子认真地提问，不要说，我还真有点紧张，我想了想回答："第一，他们都出自普通人家；第二，他们最后都被委以重任。对吗？"儿子回答："还有一点是最重要的，他们都把普普通通的事做好了。这样的人还有很多，不止他们几个。"

链接

曹交问道："人人都能成为尧舜，有这种说法吗？"孟子说："有的。"曹交又问："我听说文王身长十尺，汤身长九尺，我曹交有九尺四寸多高，只知道吃饭罢了，怎样才可以成为尧舜呢？"孟子说："这有什么难呢？只要去做就行了。如果有个人提不起一只小鸡，那他就是个没有力气的人；如果能举起三千斤的东西，那就是个很有力气的人。既然这样，那么只要能举起乌获举过的同样重量的东西，这样也就成为乌获了。一个人可担心的，难道在于不能胜任吗？在于不去做罢了。慢慢地跟在长者后面，叫作悌，快步抢在长者前面走，叫作不悌；慢慢走，难道是一个人不能做到的吗？尧舜之道，孝和悌而已。如果你穿尧所穿的衣服，说尧所说的话，做尧所做的事，这样也就成为尧了。如果你穿桀所穿的衣服，说桀所说的话，做桀所做的事，这样就变成桀了。"

心得

---

61 知者不惑，仁者不忧，勇者不惧。(《论语》)

> 聪明的人不会疑惑，仁德的人不会忧愁，勇敢的人不会畏惧。

案例

有一次，两名女生没有排队就跑掉了，当大家问起这件事，其中一名同学说："她是我的好朋友，她约我不要排队，我明知道这样是不对的，可是又担心这样会失去朋友，就跟她一起跑了……"我们大家一听，就明白了事情的原委。于是，大家纷纷谈了自己的看法：好朋友不是迁就对方的缺点；真正的好朋友是诤友，能指出对方的缺点……我也跟大家谈了自己的想法："'智者不惑，仁者不忧，勇者不惧。'大家要学会做智者，在面临这种情况时，才能有自己不后悔的选择。如果你选择告诉朋友'这样做不好，不排队是违纪了，也让大家担忧了'，你才是他的真朋友。当然，如果朋友不听，我们要懂得'忠告而善道之，不可则止，毋自辱焉'的道理。如此，方可不忧不惧啊。"

无独有偶，运动会上有一名同学摔伤了，膝盖出血了，看起来应该很疼。可是他仍咬着牙坚持着，在摔伤的情况下跑完了全程。虽然没有拿到好的名次，但是这种坚持、坚强、坚韧正是我们需要的体育精神。他虽然受伤，但不忧不惧，给我们留下了深刻的印象。

链接

孔子说："吾十有五而志于学，三十而立，四十而不惑，五十而知天命，六十而耳顺，七十而从心所欲，不踰矩。"孔子到了四十岁不再困惑，也就是已经达到智的境界。在孔子五十五岁时，与弟子一行从卫国要到陈国的途中经过匡地（今河南省长垣县），因为孔子与曾经蹂躏过该地的阳虎长得很像，该地人将孔子误以为是阳虎，而将孔子与弟子们团团围住，企图对他们一行人不利。诸多弟子惊慌失措，唯独孔子毫无忧虑、惧怕之色，谈笑自若。后来证明是误会一场，孔子与众弟子安然无恙地离开匡地。

62 好学近乎知，力行近乎仁，知耻近乎勇。（《中庸》）

爱好学习，接近智；努力行善，接近仁；知道什么是羞耻，接近勇。孔子认为智、仁、勇是天下公认的美德，也是修身的基础。

案例

有一个孩子在一年级入学时，无论是身体还是心智都比较弱，经过几年博览群书的滋养后，慢慢变得非常优秀。他不仅在课堂上非常专注，而且经常在家里和爸爸妈妈一起读书；在上学、放学的路上，一坐进车就听喜马拉雅里关于历史、哲学、科学类的音频。在他小学六年级的时候，他爸爸测了一下他的语文水平，让他做了一张中考试卷，竟然可以做到138分。先天的不足，通过后天的好学弥补，也能接近智。

链接

子曰："好学近乎知，力行近乎仁，知耻近乎勇。知斯三者，则知所以修身；知所以修身，则知所以治人；知所以治人，则知所以治天下国家矣。"这就是说，若我们懂得多学习、多提升，深行精进，在这过程中，时时存有廉耻之心，便接近一个智慧、仁义、勇敢之人了。我们知道了这三者，就懂得如何修身了。而当我们真正这样去做——好学近知、力行近仁、知耻近勇时，便能修好身心了；修身做到了，自然能懂得为人之道，懂得如何与人交往，懂得处好与他人的关系，懂得管理他人；当我们拥有了"治人"的智慧，就知道如何管理好国家、天下了。

- -

- -

63 当仁，不让于师。(《论语》)

面临仁时，即使对老师也不必谦让。这句话是指遇到应该做的事就要积极主动去做，勇于承担，不推让。

案例

学校举行科技艺术节，每个班需要选一个代表参加科学知识抢答竞赛。因为只能选一个，我很难抉择。班上好几个男孩子在科学方面有自己不同区域的涉猎，有的擅长地理方面，有的则在生物方面更胜一筹。于是我干脆当甩手掌柜，直接给出这个竞赛的大体范围与规则，让擅长的同学自己去决定。结果他们的做法让我叹服不已，如果是我去选，肯定有失偏颇。他们没有完全按照我的意思去选，而是到教学楼大厅一张一张研读竞赛的海报，研究这次竞赛可能涉猎的范围，最后选出了两个男孩，采用剪刀石头布的方法选出了一个。不料学校对竞赛范围进行了调整，缩小了竞赛范围，他们就又去研究，最后重新调整了人选。在这件事上，我觉得他们的策略、解决问题的方法比我这个老师强，很佩服他们，尊重他们。"当仁，不让于师。"面对难题，他们积极主动做，勇于承担，不推让。

链接

战国杰出的军事家白起出身行伍，屡建奇功。白起为人谦虚谨慎，给自己定下规矩：凭军功一次只升一级。秦昭王继位之初，时局未稳，六国合纵发起进攻，企图一举消灭秦国。其时，白起为左更，还未有统率全军的资格。国家存亡关头，秦国君臣聚在一起商议对策。忽有内侍禀报："左更白起昏倒在宫门！"原来白起连夜出函谷关探察敌情，并赶回来报告，过于劳累才会晕倒。待他清醒后，秦昭王和太后感动地对他说："白起，大家都希望你率军迎战，你意下如何？"白起怔了一下，道："末将以为丞相统军，白起力战，朝野可心安。"
太后却说："我看只有山乡庶民才不了解你的能力，有些担心罢了，你只管放开
手脚去打。"于是，白起慨然受命："我王信任白起，白起便当赴汤蹈火，死不
旋踵！"之后白起不负众望，取得了辉煌的胜利。白起在国家危难之际，没有
墨守成规，而是勇于承担，当仁不让。

心得

64 君子怀德，小人怀土；君子怀刑，小人怀惠。(《论语》)

君子关心的是德行修养的提高，小人关心的则是土地财富的积累；君子关心的是刑法、规范，小人关心的则是别人给他的好处。

案例

君子和小人所想所做的事情不同，君子想的是"德""刑"。"德"是人之本，要树立自己的德行，"刑"是关乎社会的刑法、规范。而小人想的都是"利"，可以结合《论语》中的"放于利而行，多怨"来讲。当一个人做事时思考的只有自己的利益，最终他会招致怨恨。怀"德"怀"刑"，对于君子来说是应该终身去培养的。例如，有一些孩子去餐厅吃饭的时候会千方百计地排在前面，以便能打到好吃的饭菜。而有君子之行的孩子，都会遵守秩序排队，然后会希望学校在管理上做些改进，做些调整，在维护秩序的同时，让所有的人都能相对公平地用餐。

链接

屈原是战国时期的楚国人。当时秦国经商鞅变法后越来越强大，而楚国则一天天衰弱下去，秦国一心想灭掉楚国。屈原非常担忧自己的国家，他觐见楚怀王，建议楚国也实行变法革新。然而屈原的崇高威望引起了大臣上官大夫的嫉妒，上官大夫对楚怀王说："大王信任屈原，把大权交给他，可是屈原不但不感激，反而在外面夸口说楚国没有他不行。"楚怀王听了非常生气，就不再让屈原管理国家大事。

楚怀王死后，楚顷襄王继位。屈原希望楚顷襄王能吸取教训，有一番作为，劝他选拔人才，远离小人，鼓励将士操练兵马，使楚国富强起来。可是楚顷襄王根本不把国家命运放在心上，只顾自己花天酒地，对屈原的劝告很反感，再加上上官大夫一行人总在他耳边说坏话，最后索性革了屈原的职，将其流放。屈原觉得救国无望，又不愿看到楚国灭亡，在农历五月初五投江自尽了。

心得

65 无恻隐之心，非人也；无羞恶之心，非人也；无辞让之心，非人也；无是非之心，非人也。(《孟子》)

> 没有同情怜悯的心，不能算是人；没有羞耻憎恶的心，不能算是人；没有谦恭礼让的心，不能算是人；没有分辨是非善恶的心，不能算是人。

案例

"无羞恶之心，非人也；无辞让之心，非人也。"无辞让之心是小学生容易犯的错误。例如，有一些孩子排队时把别人挤到一边；上课发言抢答，不会谦让；经过别人的座位时，把人家的书碰掉在地上，不会捡起来；把人家的东西损坏了，不会主动赔偿；踩了别人一脚，不会主动道歉。这些都属于"无辞让之心"，我有时会抓拍并展示出来，用事实说话。孩子们看到自己的样子，一辈子都会记住这个事例，不用批评他，就能达到事半功倍的效果。

一年级A同学的妈妈跟我说，有一天他们家楼下邻居在争吵，A同学在窗台上听了好一会儿，原来他们争吵的原因就是一方的车辆不小心碰撞了对方的车辆。他突然探头对争吵者大声说："无辞让之心，非人也；无是非之心，非人也。你们这么大了，就为这事争吵不停，羞不羞呀？"妈妈在房间里听见了，跑出来说："你在跟谁说话？""你看下面这两个人拼命地吵架，就是因为互不谦让。"妈妈说："你讲的什么心，什么意思呀？"A同学说："这是孟子的'四心'呀……"

链接

"恻隐之心""羞恶之心""辞让之心""是非之心"是孟子提出的做人的基本要求，无此四心者，"非人也"。恻隐心，即同情心，对受苦受难的人怀有同情心。若见人受苦难而无动于衷，不能算是人。羞恶心，就是爱憎分明，爱真善美，憎假恶丑，否则，不能算是人。辞让心，就是要懂得并践行"谦恭礼让"，要为人谦和，待人恭敬，以礼行事，以谦让为美，否则，不能算是人。是非心，即"是就是是，非就是非"，对错分明，不含糊，支持对的，反对错的。不分是非，不分对错，不能算是人。一个人具备了这"四心"，才是一个当之无愧的"人"。

心得

66 恻隐之心，仁之端也；羞恶之心，义之端也；辞让之心，礼之端也；是非之心，智之端也。(《孟子》)

> 同情心是施行仁的开始，羞耻心是施行义的开始，辞让心是施行礼的开始，是非心是智的开始。

案例

　　隔壁班有个孩子总是打人，特别调皮。我们班的孩子都认识他，常常检举他，说他时常欺负我们班的孩子。我跟孩子们说："我们要同情他啊，你看看，他的大脑连自己的手脚都管不住，是不是令人同情呢？我们的恻隐之心不是仅仅同情那些衣食堪忧的人，那些心智暂时受困的人更值得我们同情啊！如果他打了你，并没有让你受伤，你就轻言细语地跟他说：'我原谅你！你以后不要再打别人啦，要打就过来打我一下，但是，不能把我打伤，因为我受伤了，我爸爸妈妈会很难过的，他们会找你算账的。'孩子们，你们有哪个试着这样做过？如果你真诚且严肃地跟他这样说，我相信他一定会改掉自己的毛病。"说完，有几个孩子马上说："我原谅他啦！""我从来没有记恨他！"

　　"羞恶之心"：一个孩子因为慌慌张张的，在上体育课时穿球鞋，把拖鞋随便丢在一边就不管了，我拍下照片之后写上"我不是丢魂，我是霸道""羞恶之心丢一边，捣蛋的利器使出来"。

---

67 仰不愧于天，俯不怍于人。(《孟子》)

> 抬头向上，不愧对青天；俯身朝下，不愧于众人。比喻不做亏心事，上对得起天，下对得起人，走到哪儿都问心无愧。

案例

自习课发《数学报》时，A 同学发现数量不够了，马上把自己的那份让给了别人。然后，B 同学看完了，把自己的给了 A 同学。当我表扬 A 同学的时候，A 同学说该表扬的是 B 同学。孟子说："仰不愧于天，俯不怍于人。"两名同学年龄虽小，面对"表扬"的诱惑，表现出君子的光明磊落、坦坦荡荡。

链接

西汉时期，渤海高城人鲍宣的妻子桓氏，字少君。鲍宣曾经跟随少君的父亲学习，少君的父亲欣赏他刻苦好学，就把女儿许配给了他。少君出嫁时，嫁妆非常丰厚，鲍宣心里不高兴，就对妻子说："你生在富贵人家，习惯穿漂亮的衣服。我非常贫穷，但是仰不愧于天，俯不怍于人。如果和我结婚，只怕你会不习惯，并且我也无法满足你的需求。"妻子说："我父亲因为你品德高尚、俭朴简约，所以把我嫁给你。既然做了你的妻子，我什么事情都听你的。"鲍宣笑着说："你真能这样，就符合我的心意了。"于是，少君将那些贵族服装全都送回娘家，穿上了平民的朴素衣裳，与鲍宣一起拉着小车，回到鲍宣的家乡。她拜完婆母，就提着水瓮出去打水，修习为妇之道，乡里的人都称赞她。后来，鲍宣成为才德兼优的一代名儒，在汉哀帝时被征召为谏议大夫。但是少君仍然像以前一样俭朴，没有任何铺张浪费的行为。

68 志士不饮盗泉之水,廉者不受嗟来之食。(范晔《后汉书》)

有志气的人不喝盗泉的水,清廉的人不接受带有侮辱性的施舍。

案例

有不少孩子经常丢三落四,甚至丢失贵重的物品,如手机等。面对就在眼前唾手可得的贵重物品,难免会有一些意志力不强的孩子,偷偷地留下来。班上曾有一个孩子洗手时把手表取了下来,放在水池边忘记拿了,一转身便与同学打闹去了,等再返回寻找已无踪影。这个孩子呜呜地哭到我这里来,我告诉他可能是哪个同学捡到了,还没来得及交给我呢。上课前我没有提丢失手表的事,而是直接讲了乐羊子妻的故事,让孩子们读了读"志士不饮盗泉之水,廉者不受嗟来之食"这句话。我想每个孩子都是张白纸,"人之初,性本善",捡到的手表孩子一定会交到我手上来的。果不其然,课后就有孩子来找我。

链接

《后汉书·列女传》记载了一个久传不衰的故事。乐羊子有一次在路上拾到一块金子,赶忙回家交给妻子。不料妻子却严肃地对他说:"妾闻志士不饮盗泉之水,廉者不受嗟来之食,况拾遗求利,以污其行乎?"乐羊子羞愧万分,连忙带着金子去找失主。又有一次,乐羊子外出求学,七年不归。大概是家里好久不沾腥味儿了,乐羊子的妈妈犯了馋,看见别人家的鸡跑到她家园子来了,就偷偷地宰了吃。乐羊子妻面对香味扑鼻的炖鸡肉"不餐而泣"。婆母问其故,她十分难受地讲道:"自伤居贫,使食有他肉。"意思是说,怪咱们家穷,没有把婆婆侍候好,因而使桌上有了别人家的肉。婆母听后无地自容。

69 不义而富且贵，于我如浮云。(《论语》)

> 用不义的手段得到的富贵，对于我来说就好像飘浮在天空的云朵。

案例

经常听闻某某学校、某某班级，因为要评选"优秀学生""三好学生"等，家长动用人力物力疏通关系，希望给自己的孩子戴稳一个闪着光的"帽子"。那时，我就常想，这"帽子"的来历一旦被自己的孩子知晓，他将以何种姿态立足于同学间？让孩子拿到不属于他的荣誉，这是爱孩子还是害孩子呢？遗憾的是，这种本末倒置的现象在如今的校园屡见不鲜，当事者不乏沾沾自喜，受其深害而不知。

我们班的孩子在经典的浸润下，却开始出现这样的现象：评先进，哪怕是学校级别，甚至更高级别，大家也会互相举荐，被举荐者多是推让，同时会说"某某同学比我更优秀"。这有时让作为班主任的我甚是为难——当然，这种为难的背后更多的是欣慰和欢喜。古人儒雅、谦让、虚怀若谷、上善若水、不矜不伐的品质，正在孩子们身上渐渐显露。按照惯例，学校每学期都要评选"孝道之星""读书学习之星""公益实践之星"。孩子们一旦被选上，是一种莫大的荣耀。"不义而富且贵，于我如浮云。"孩子们的这种淡泊名利的君子态度，使我欣慰不已。

链接

鲁国大夫季平子死后，他的儿子季桓子接任鲁国大夫。季平子的家臣阳货趁季桓子立脚未稳，欲取而代之。阳货决定聘请孔子，让孔子为他效力。孔子不想见他，他便在孔子不在家时派人给孔子送去一只蒸熟的乳猪，使孔子不得不去向他道谢。孔子便趁阳货不在家时去致谢，想不到两个人在路上碰见了。阳货对孔子说："把自己的才能藏起来，任凭国家混乱不堪，这能说是仁吗？自己想参政却屡次错失良机，这能说聪明吗？"孔子只好应付道："好吧，我可以考虑出来做官。"

回到学堂后，子路不悦地说："难道老师真的要到阳货那里供职？在阳货手下做官，等于为虎作伥啊！"孔子见子路误解了他，说："走的路不一样，我怎能去阳货手下做官呢？"孔子深吸了一口气，又对弟子们说："吃粗菜淡饭，喝白开水，弯着手臂当枕头，虽苦犹甜，乐在其中。不符合道义的富贵，对于我来说就是天上的浮云。"

心得

第七章

宽厚谦逊

70 能容小人，是大人；能培薄德，是厚德。（金缨《格言联璧》）

能容忍小人的人，是胸襟宽广的君子；能积累细小的德行，才能够成就仁厚宽广的德行。

71 必有容，德乃大；必有忍，事乃济。（金缨《格言联璧》）

必须有容人的度量，才会有高尚的品德；必须有忍耐的心性，才能成就伟大的事业。

案例

班里有一个非常优秀的女孩子有段时间经常找我告状。一天下午，她又来了。"老师，您说过第一排的桌子不能超过那条线，后面的不用按地上的线摆桌子，对吗？"我看看她，笑笑说："对。""可是后面的偏要按照线来摆，我根本坐不进去！"她委屈地喊出来。她上次找我哭述的也是这个问题，我当时说要她和后面的同学讲讲，大家协调好。这次还是这个问题，于是我便说："亲爱的，你找把尺子量一下，每个座位之间大概有多宽，量完后告诉我别人的位置比你宽多少，可以吗？"她跑去量了，告诉我别人比她宽 15 厘米。我带她到她座位的走廊里，轻轻地说："宝贝，你看看，宽度差别这么小，不会有 15 厘米哦，你肯定弄错了。"她又重新量过，对我说是 5 厘米。我拿过她的尺子，对她说："亲爱的，你用手比画给我看，5 厘米有多宽？"她比画完，我故作惊讶地说："这么小的距离差，你会坐不进去？'六尺巷'的故事你知道吗？……"当我讲到"千里修书只为墙，让他三尺又何妨"，告诉她"必有容，德乃大；必有忍，事乃济"时，她的脸上红云密布……

链接

清朝康熙年间大学士兼礼部尚书张英的老家要盖房子，地界紧靠吴姓人家。吴家要张家留出一条路以便出入，但张家老管家提出，他家的地契上写明"至吴姓墙"，即使要留条路，也应该两家都后退几尺才行。老管家觉得自己是堂堂大学士家总管，况且这样建墙也有理有据，吴家的意见不值得搭理，于是沿着吴家墙根砌起了新墙。

吴家便一纸状文把张家告到了县衙。张家老管家急忙写信，把这事禀告张英。不久，他就接到了张英的回信，信中只有几句诗："千里修书只为墙，让他三尺又何妨？万里长城今犹在，不见当年秦始皇。"老管家看了这首诗，明白了主人的意思。第二天早上，张家就动手拆墙，后退了三尺。吴家见后十分感动，连说："宰相肚里能撑船，大学士真是好度量。"后来也把自家的墙拆了，后退了三尺。于是，张、吴两家之间就形成了一条百米来长六尺宽的巷子，被称为"六尺巷"。

心得

72 海纳百川，有容乃大；壁立千仞，无欲则刚。
（林则徐）

> 这是清末政治家林则徐任两广总督时在总督府衙写的堂联。大海因为有宽广的度量才容纳了成百上千条河流，高山因为没有钩心斗角的凡世杂欲才如此挺拔。

案例

A 同学、B 同学、C 同学合作设计的服装被学校选中了，模板已经画好了，但 B 同学对制作实践一筹莫展，便私自决定请 D 同学相助。而 B 同学、C 同学与 D 同学有"恩怨"，于是她们俩认为在没有共同商议的情况下请 D 同学帮忙不可以，从而引发了一场"世界大战"。我刚好路过，在 A 同学的抽噎中了解了事情经过，开始了苦口婆心的劝告，但 A 同学的一句"我对这个世界很失望，好吧，我错了"重重地锤击着我的心。"我对这个世界很失望，好吧，我错了"这是一个充满失落的回应，这是一句十分牵强的承认，亦是每一个落魄者的灵魂倾诉。于是，我给大家放了一段视频：一个小男孩偷走了几包止痛药，准备溜之大吉时却被店主抓住，店主开始痛骂起来。我相信在这个时候小男孩急切渴望宽恕，但他未能如愿，面对的还是无休无止的毒骂。就在他将对这个社会心灰意冷之际，一只手把他拉出了绝望的深渊——女孩的父亲替小男孩付清钱，并赠给男孩一碗菜汤与几包止痛药。十多年过去了，女孩的父亲出了意外，女孩倾尽所有，最终流落街头也无法付清父亲的医药费。就在女孩绝望之时，一张医药单使女孩从极悲变为极喜——医药单上所有的费用都已缴清。女孩疑惑不已，目光落在了最后几排字上：一碗菜汤、三包止痛药。想起了十多年前的那一天，女孩潸然泪下，没想到他竟成了一名医生。

宽容和给予是最好的沟通。"海纳百川，有容乃大。"通过这件事，相信孩子们能渐渐体会和明白。

链接

中国近代"睁眼看世界的第一人"林则徐，于1839年1月被大清朝廷任命为钦差大臣前往广州禁烟。在去广州的途中，林则徐先派人摸清广州受鸦片毒害情况，查找各家烟馆，掌握大量第一手资料。同年3月林则徐抵广州，于19日会同邓廷桢等传讯十三行洋商，责令转交谕帖，命外国鸦片贩子限期缴烟，并保证今后永不夹带鸦片。他还严正声明："若鸦片一日不绝，本大臣一日不回，誓与此事相始终，断无中止之理。"为表明自己的禁烟态度和行事作风，林则徐写下了"海纳百川，有容乃大；壁立千仞，无欲则刚"的对联，贴在府衙大堂，以此告诫自己：广泛听取并接纳各种不同意见，要把事情办好，立于不败之地；做人为官，要像大山那样巍峨挺立，做到无私无畏，才能敢作敢当。

心得

73 不怨天，不尤人。(《论语》)

不埋怨上天，不责怪他人。成语"怨天尤人"由此而来，形容将不如意的事情一味归咎于客观条件。

案例

孩子小时候走路不小心摔了一跤，大哭起来，明明是孩子自己没走稳，可是爷爷奶奶为了让孩子不再哭，马上抱起孩子，嘴里骂着："都是这地不好，有石头绊倒了我家宝宝，让我家宝宝摔跤了，我打死你！打死你！"一边说着，还一边用力踩地。孩子看到爷爷奶奶这样也就止住了哭泣，破涕为笑。其实这种教育方法是不可取的，随着孩子年龄增长，遇到问题不能正确看待。例如，与同学相处不好，怪同学性格差；考试成绩不理想，认为试卷太难等。

有一次，一个调皮的男孩把一块橡皮扔向一个女孩的额头，手法很准，一下子就打中了，这个女孩本能"啊"了一声。按常理，女孩子更娇气，无缘无故被人打了，肯定会哭，还会向老师告状。可是那个女孩只是用手摸了摸脑门，还乐呵呵地说："谁扔的啊？我今天挂彩了，中大奖了哦！"那丢橡皮的男孩听了女孩的话很是吃惊，转而羞愧，然后不好意思地上前主动跟女孩道歉，及时承认了错误。

链接

战国时期著名的纵横家苏秦曾到秦国求职，由于不了解秦国的国情，一连给秦惠王上了十次奏章，都未被采纳。最后，苏秦钱财散尽，灰溜溜地回家，父母、兄嫂、邻居都瞧不起他。但他并未怨天尤人，从此发奋读书，疲倦打瞌睡，就用冷水冲头，甚至用锥子刺自己的大腿，痛醒了便继续读书。就这样，苏秦学得丰富的知识，对各国的政治、经济了如指掌。后来，他选择去游说六国合纵抗秦。苏秦面对困难和挫折时，没有怨天尤人，而是以积极的态度去面对，发奋苦读，强大自己。

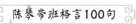

74 水善利万物而不争。(《道德经》)

> 水善于滋润万物而不与万物相争。

案例

一位孩子的妈妈通过微信发来一段话，说晚上因与孩子爸爸发生口角，双方僵持不下，当发现女儿用被子蒙住头时，才意识到自己太冲动。她请女儿评判她与孩子爸爸谁对谁错。这名同学说："妈妈，不管你们谁对谁错，我想送你们一句话，'上善若水,水善利万物而不争'。"女儿择良言诚恳相告,妈妈呆住了，她几乎不敢相信这是自己女儿说的话！但没错，的确是这个年仅9岁的小丫头说的，她引用了我们正在读的《道德经》里的一句名言，而这句话此时产生的力量是妈妈无法用语言所能表达的。还有什么可争吵的呢？两个成人被9岁的孩子给教育了一番，倍感汗颜，也颇感欣慰。

链接

在老子看来，水是世上最智慧、最善良之物，它滋润万物，哺育万物，却从来不与万物相争夺。最善、最有智慧的人也应像水一样,处在最不起眼的地方,善于保持沉静而深不可测，待人真诚、友爱和无私，常常为他人贡献，却不与人争长争利。

晋文公逃亡的时候，赵衰跟随左右，忠心耿耿，深受文公信任。晋文公回国以后，奖励旧臣，众大夫相互争功，唯有赵衰礼让不争。后来，晋楚城濮之战，战前文公让赵衰为卿，赵衰辞而不就，让给年轻而有才的栾枝、先轸。卿士狐毛去世以后，文公第三次要任命赵衰为卿，他又让给了先且居。最后晋文公为了表彰他的功绩，特意扩充三军，赵衰才接受卿位。他这种礼让不争的风格，使晋国很多年轻有为的人才迅速出现，为晋文公建立霸业打下了坚实的基础。赵衰的辞让不争让他在晋国深得人心，很多受过其礼让的家族都对他感恩戴德。在他去世以后，他的儿子赵盾得到了众人的支持，很快就成为晋国的执政者，他的家族也兴盛繁荣起来。

 心得

75 不以一眚掩大德。(《左传》)

不因为一个人有个别的错误而抹杀他的大功绩。

案例

有一次，科学老师让每个孩子进行一次科学小制作，大家把做好的作品放在桌子上。一个同学那天心情不好，走进教室的时候，不小心打翻了一件作品，作品摔到地上破了；正要弯身去捡时，又不小心碰掉了另外一件。他心里又急又难过，跑到旁边拿扫把扫地上破碎的东西。慌乱之中，不小心又碰倒了一件，一下子就打坏了三件作品。科学老师要根据每个人的科学小制作进行班级评估，我们班因为这三件作品被破坏了，没有拿到很好的分数。我来问这件事的时候，谁也不说，因为没有人知道这件事，当时教室里只有这个同学一个人。后来我说："可能有人不小心做了这件事，说出来大家会原谅你。如果是故意的，以后不要再这样做了。"

第二天下午，他很紧张地找到我，站到我面前，我感觉他在发抖，他双手拽着衣服讲出了这件事。我很佩服他的勇气。后来他在班级里担任过几次值日班主任，处事都很公平。他的好朋友做错了事，他都会公平公正地处理。不仅为班级做了很多事，还积极帮助低年级的孩子。同学们对他的评价都很高。"不以一眚掩大德"用在他身上非常合适，这个"一眚"也是他的无心之过，就像《弟子规》讲的"无心非，名为错；有心非，名为恶"，孔子也说过"大德不踰闲，小德出入可也"。

链接

春秋时期，晋国大败秦国，秦国的三位指挥官孟明、西乞、白乙都被活捉了。晋襄公的母亲文嬴是秦国人，因文嬴说情，晋襄公释放了被俘的三位将军。

三位被俘将军回到秦国时，秦穆公亲自去迎接他们。一见面，三位将军跪地认罪，请求处置，秦穆公却悲痛地哭了起来，他自责地说："我后悔没有听某些大臣的劝告，是我战略失误，让你们受委屈了，这都是我的过错啊！你们三位有什么过错呢？请你们放心吧，我不能因为一次过错就掩盖你们的功劳啊！"这番话说得三位将军的心里很温暖，他们的忧虑消失了，相反因秦穆公对他们的宽容和理解而深受感动。

"不以一眚掩大德"后来成为一句名言，说的是要全面看一个人，不因为一时的过失而掩盖他的功绩。

心得

76 君子藏器于身，待时而动。(《周易》)

君子就算有卓越的才能、超群的技艺，也不会到处炫耀、卖弄，而是在必要的时刻才把才能或技艺施展出来。

案例

我带着孩子们读《麟之趾》时，讲到麒麟的故事。一个孩子突然问："我们现在处于这么好的时代，为什么没有见到麒麟在郊野呢？"这真问倒了我！我说："我也从来没见过，也许它真的只是传说中的一种仁兽吧。"有几个孩子马上说："不对，孔子是见过的。这种麒麟应该是真的有过的。"……

"好啦，争论下去也没意义。重要的是，这首《麟之趾》颂扬的公子气宇是我们应该记住的：有蹄不踏，有额不抵人，有角不触人。君子藏器于身……"孩子们不甘示弱地回应："待时而动！"于是，我们反复诵读："麟之趾，振振公子，于嗟麟兮！……"

链接

一个有大志向的人，必须时刻为了实现自己的志向而做准备，学习必要的才能和技艺，就像将利器藏在身上一样，等最好的时机降临之时，便能大展身手，从而实现自己的伟大抱负。人们熟悉的姜子牙就是"藏器于身，待时而动"的典范，还有春秋时期的楚庄王，他即位后不理政事，只是东游西荡，一晃就是三年。其实楚庄王并非不理朝政，而是为了避开反对力量的干扰而暗中了解情况，考虑治国的方略。果然，半年之后，楚庄王临朝决政，"所废者十，所起者九。诛大臣五，举处士六，而邦大治。举兵诛齐，败之徐州。胜晋于河雍，合诸侯于宋，遂霸天下"。"待时"绝不是消极地等待，而是积极地创造、积聚各种微妙的力量，如楚庄王的不问朝政看似消极，实则在积聚力量。

77 满招损，谦受益。(《尚书》)

骄傲自满会招来损害，谦虚谨慎使人得到益处。

案例

有一段时间发现好几个孩子骄傲得让人没法跟他们讲理，他们认为自己已经饱读诗书，似乎可以不听课了；犯了错，甚至厌烦老师的批评，连提醒也觉得多余。同伴提醒某个犯错的同学，遭到了几乎都是强词夺理的抢白。这种傲慢风气不止住，后果不堪设想。对一个班级来讲，最怕的就是没有正气的弘扬。

所有伤害别人或有意违反人格秩序的行为，其实都是由内心的傲慢情绪助长的。于是，我带孩子们读《千字文》，讲到"罔谈彼短，靡恃己长"，联系到《周易》八八六十四卦中只有"谦卦"是"大吉无凶"。让孩子们谨记"满招损，谦受益"六个字，一辈子都会平安吉祥。这个"谦卦"值得每一个人时时刻在心间。

我让孩子们读《伤仲永》，让孩子明白，古往今来，有许多跟他们一样的神童，由于"不使学"都成为流俗众人中的一分子。我们有天赋，但不代表可以成英才。傲慢心一旦养成，最后可能连起码的人生幸福都不能拥有。

链接

大禹听从舜帝指令，前去征讨不听从君王号令有苗族，但是经过三十多天的激战，并没有完全征服有苗族。这时，伯益前来拜见大禹，说："惟德动天，无远弗届。满招损，谦受益，时乃天道。"翻译成现代文则是：只有良好的道德能感动上天，不管有多远，都可以延伸到那里。盈满招损，谦虚受益，这是自然规律。伯益还以舜帝的例子劝说大禹不要凭借武力去征服有苗族，这会导致两败俱伤。大禹听后，对伯益的建言深表感谢。大禹退兵而去，舜帝便大施文教，两个多月后，有苗族归顺。

　　谦虚是一种美德。当年刘邦身边汇聚了无数英才，他虚怀若谷、体贴下属，深受拥戴，最终夺得了天下；而项羽总以为自己武艺超群，人多势众，很了不起，结果垓下之战大败，上演了一幕霸王别姬、自刎乌江的历史悲剧。

心得

78 人不知而不愠，不亦君子乎？（《论语》）

别人不了解我，我也不会感到气愤、恼怒，这不正是君子风度的表现吗？

案例

有一天路队走得极其糟糕，我决定请路队中走不好的孩子午饭后练一练。午饭过后，很多孩子都去草坪上玩了。A 同学看到 B 同学跟 C 同学在玩，就对 B 同学说，老师的名单上有她，她应该去练习走路队。B 同学正想好好玩一玩，听见 A 同学这么说，就很生气，随即踢了 A 同学三脚。A 同学当时没有还击，也没有跟任何人讲。一周过去了，A 同学的妈妈发现 A 同学腿上有一段很长的乌青。我问 A 同学："B 同学踢你的时候，你为什么没有还击？"A 同学说："不能打人，怎么能打人呢？"我心疼地问 A 同学那天哭了没有，她说哭了……

我向全班孩子讲了这件事情，大家都觉得 A 同学很大度，很有责任感。同时觉得 B 同学很不应该，甚至很过分。但是，令大家意外的是，B 同学竟然也觉得很委屈。晚自习下课后，我跟 B 同学聊了很久。开始，B 同学一言不发，极其抵触。但是，当她终于明白 A 同学只是善意提醒，让她不要犯错时，她才明白自己将这样的"道吾恶者"视为"贼"了。B 同学是智慧且善良的，她怎么能不清楚"道吾恶者是吾师"呢？她这样放任自己随便打人，将来必会铸成大错啊！她最后一下子哭出来，跑回家给 A 同学写信去了。

第二天，B 同学站在讲台前，在全班同学面前表达了自己的心声，说出了自己的歉意。她面对 A 同学的鞠躬，教室里掌声响起来，响了很久……在掌声里，A 同学一直满怀真诚地看着 B 同学，所有的同学都读懂了这样的眼神——不是 A 同学原谅了 B 同学，而是 A 同学自始至终都没有怨恨过。"人不知而不愠，不亦君子乎？"A 同学，真君子也！

链接

现代社会，不少人追名逐利，尤其是互联网上的一些"草根"，为了出名，不惜想方设法在网络上传播会引起轩然大波的雷人言行，在网民的骂声中"一举成名"。他们的所作所为不仅恶化了网络环境，暂时出风头之后，自身工作生活都会受到严重影响。

古代先贤殷殷劝诫我们，不要把是否为世人所知放在心上，唯有淡泊名利才能得到真正的解脱与快乐。多位先贤都论述了这一观点，如《大戴礼记·曾子制言》说：别人了解我的才德，我不因此而高兴；别人不了解我的才德，我也不因此而郁闷。

心得

79 不迁怒，不贰过。(《论语》)

犯了错误不迁怒他人，同样的错误不犯第二次。

案例

有些孩子的自控能力较弱，往往容易把不愉快的情绪带给周围的人。有些孩子被老师批评，回家就对父母发脾气。最常见的就是因为早上迟到，导致班上的考勤分被扣，被老师批评或是同学责怪。回家之后就对爸爸妈妈或者爷爷奶奶撒气，有怪妈妈没有早点叫起床的，有怪爸爸开车慢的，有怪爷爷没有整理好书包等，乱发脾气的同时顺利地推卸了责任。总之就是一句话"迟到不是我的错，是有原因的，是能被原谅的"，所以还会有第二次、第三次。诸如此类的事情经常发生，我便在一次班会课上，把这些因为自己迟到被老师批评，而后回家对家里人发脾气的事描述一番，然后让全班孩子来讨论这种"迁怒""贰过"的行为对不对。孩子们一致认为迁怒他人是不对的，我便抓住契机让孩子们明白要对自己的行为负责，保证不再犯同样的错误。"不迁怒，不贰过"，正视自己的过错，勇于承认和改过，并保证不再犯第二次。

链接

玄武门之变是唐太宗李世民与当时的太子李建成及皇弟李元吉为争夺皇位而引起的一场争斗，最后李世民取得了胜利，登上了皇位。李建成手下有一位谋臣，名叫魏征，魏征在他们兄弟因为皇位产生嫌隙的时候，曾经怂恿太子李建成暗杀李世民。李世民登基之后，有人告发了这件事。李世民听了，立刻派人找来了魏征。李世民问魏征："你为什么要挑拨离间？"大家纷纷为魏征捏了一把汗，以为李世民要翻旧账。只见魏征神态自然，不慌不忙地说："可惜那时候太子没有听我的话，否则就不会出现这样的事了。"李世民听了，没有生气，反而觉得魏征有胆有谋，很是欣赏，下令不再追究此事。不仅如此，李世民还把魏征提拔为谏议大夫，时常听从他的意见和建议。

　　唐太宗李世民能够做到不计前嫌，以史为鉴，"不迁怒，不贰过"，为自己的成功奠定了良好的基础，开创了"贞观之治"。

心得

⑧⓪ 小不忍，则乱大谋。(《论语》)

小事不忍耐就会影响大局，破坏大事。

案例

新学期全班第一次喊口令，领口令的 A 同学一下子喊出："三（1）、三（1），永争第一……"跑操结束，全班在教学楼门厅前集合，有人说："A 同学喊错了！"因为我们现在已经是四（1）班了，他喊习惯了，便脱口而出。这时 A 同学突然激动地大声喊起来，人多声杂，听不清喊的是什么，只见他脸上满是泪水。我请其他人先走，A 同学留下来。我跟 A 同学说："你本来可以很幽默地说，'对不起，我有点恋旧呢，带错了，请大家原谅，下次我会注意的。'你这样大喊大哭会得到大家的谅解吗？不会吧，反而会被大家看低了呢……" A 同学听完，破涕为笑。我接着说："人活着会遇到很多类似的情况，为什么不幽默地低头呢？正所谓'小不忍，则乱大谋'……"我们还聊了很多，最后 A 同学说："老师，对不起，是我情绪失控了。"说完，他愉快地向教室的方向跑去。

链接

汉朝军事天才韩信出身贫贱，很多人看不起他。有一天，一个人在大街上拦住了韩信，说："你要是有胆量，就拔剑刺我；如果是懦夫，就从我的胯下钻过去。"围观的人都知道这是故意找茬，借此羞辱韩信，只见韩信一言不发，从那人的胯下钻了过去。后来韩信投奔刘邦，帮助刘邦夺得了天下，被封为楚王。他找到当年羞辱他的人，并对他说："当年你羞辱我，我难道不能一剑杀了你吗？但杀你也没用，我忍了下来，才有今天的地位。"

楚汉相争时，项羽领兵出征，出征前吩咐大将曹咎坚守城皋，切勿出战，只要能阻住刘邦十五日，便是有功。项羽走后，刘邦、张良兵临城下，指名辱骂曹咎，惹得曹咎怒由心生，立即带领人马，杀出城门，却不知这恰恰中了刘邦、张良的骂城之计。此时，汉军早已埋伏好，只等着楚军出城入瓮。霎时冲杀声震天，杀得曹咎片甲不留。

心得

⑧1 忍一句，息一怒；饶一着，退一步。（《增广贤文》）

> 忍住少说一句话，就可以平息怒火；饶恕别人一点，别人也会后退一步。

案例

自习课时，A同学拿了张纸条给我，只见他脸色煞白。我展纸一瞧："A同学：明天中午或后天中午寝室外大战，你叫几个人都没问题，告诉你，我们的人有B同学、C同学等，你做好心理准备。——写信人名字你自己知道。"

这时候，上课铃已响。A同学坐在座位上，两条胳膊架在前后两张桌子上，气呼呼的。我俯下身，说："你这样就像个很小的孩子，一点小事情就气成这样。你是大孩子，而且武功高强。最好的武功是微笑，最好的武功是没有武功，赶快跟大家一起读书。"于是A同学端起书，跟大家一起读。快下课的时候，我请A同学起来读《石钟山记》的第三段，A同学没有害羞，流畅地朗读完。课后，我问了几个知情者。很快，写信的人——D同学就向A同学鞠躬致歉了。他说："我的'战书'一放进你的抽屉，我就后悔了，可是你已经来了。我不该听C同学的话，搞这个恶作剧，请你原谅。"D同学深深地鞠躬，A同学原谅了他。

链接

春秋时期，楚庄王是一位贤明的君主。有一天，他宴请满朝文武百官，令自己宠爱的妃子给百官依次斟酒。忽然吹过一阵狂风，把宴会厅里的蜡烛全部吹灭了。这个时候，酒席上有一个喝醉了的大臣趁机用手去拉许姬的袖子，许姬趁势将这个大臣冠上的红缨揪了下来。许姬拿着红缨走到楚庄王面前，将此事告诉了楚庄王。楚庄王听后，对点蜡烛的人说先不要点，然后说："今天要尽情欢乐，你们现在都把冠上的红缨摘掉，那样喝酒才痛快呢！"等大家都摘下了红缨，楚庄王才让人把蜡烛点上。宴会散后，许姬问楚庄王为什么要这样做，楚庄王笑道："今天我让大家尽情欢乐，酒后失态是人之常情，如果为此惩罚人，就会使大家不欢而散，这也不是我的本意啊！"

　　后来，吴国出兵进攻楚国，在兵力悬殊的情况下，楚国大将唐狡拼死奋战，取了吴国将军的首级献给楚庄王。唐狡就是那个在宴会上被许姬摘掉冠上红缨的人。我们不得不敬佩楚庄王的心怀和智慧。

心得

82 饶人不是痴汉，痴汉不会饶人。(《增广贤文》)

> 能宽恕他人的人不是愚笨的人，愚笨的人从来不会宽恕他人。

案例

孩子们生性好动，喜欢打打闹闹。班级里时不时有打架的事要老师处理，老师若要给他们审"官司"，根本审不完。我就教孩子们说"打就打，我们有的是傻子劲，饶人是别人的事"，并告诉他们"饶人不是痴汉，痴汉不会饶人"。说得多了，全班孩子也会说"饶人不是痴汉，痴汉不会饶人"，被说的那个孩子也会不好意思地低下头。老师经常这么说一说，时间长了，孩子们慢慢就会觉悟。只要老师说"饶人否"，孩子们也就不好意思再告状了。

链接

东汉时期有个叫陈寔的人，学识渊博，德高望重。有一年，他的家乡遭遇洪灾，许多人无家可归、饥饿难耐，为了果腹，不得已当起了小偷。一天夜晚，一个人偷偷地溜进了陈寔家，正准备动手，突然听到几声咳嗽。小偷吓坏了，情急之下顺着柱子爬上了房梁。只见陈寔提着灯笼走了进来，抬头看见房梁上垂下的一片衣襟，立刻明白是小偷光顾。只见陈寔不急于抓小偷，而是不慌不忙地把晚辈们全部都叫来，严肃地说："孩子们啊，一定要做有品德的人，无论遭遇什么不幸，在多么恶劣的情况下，我们都要严格要求自己，不能以任何借口放纵自己走上邪路。没有天生的坏人，只有因不能严格约束自己而养成不良品行的人。比如我们家房梁上的君子，就是这种情况。我们可不能因一时的贫穷而走入歧途。"听了陈寔的话，房梁上的小偷先是大吃一惊，继而羞愧至极，翻身从房梁上爬下来磕头认罪。陈寔和蔼地说："你看起来不像是坏人，也是被贫穷所逼吧，好好反省，及时改过就好。"陈寔说完，吩咐家人取了一些粮食和衣物送给他。小偷感激涕零，连连磕头致谢。

第八章

谨言慎行

83 君子欲讷于言而敏于行。(《论语》)

> 君子说话要谨慎，行动要敏捷。

案例

班上有一个非常文静的女孩，平时不太说话，但总是在默默地关心和帮助其他同学，为班级做好事。哪个同学的书掉在地上，她会弯腰帮忙捡起来；发餐后水果时，她会主动拿起小的那一个；有同学生病没来上课时，她会及时送做满了笔记的课本；老师生病了，会一天问候上好几次……同学们都说如果要评选"淑女之星"的话，她是当之无愧的。《论语》说："君子欲讷于言而敏于行。"这个女孩平时不多言，却敏于行，真君子也！

链接

有一次，孔子询问大家对于"少说多做，说到做到，不说大话"有什么认识，子路说："我的家乡卞地有这样两兄弟，老大叫卞敬，家里富有。他为了骗仆人多出力，便对他们说，只要他们拼命干活，年终时每人发五十两银子。结果，仆人们辛苦干了一年，他却找各种理由只给了每人五两银子。老二叫卞武，是个爱吹牛皮的人。一天，他向刘老爷求亲，说他家的院子最大，站在房门口，都看不清楚院墙，如果把女儿嫁给他，肯定享福。刘老爷派人一打听，才知道原来他是个穷光蛋，家里只有三间空房，连个院子也没有，站在房前当然看不清院墙了。"弟子们听完都笑了，孔子却严肃地说："这种人言行不一、大言不惭，不要与他们交朋友。"

84 先行其言而后从之。(《论语》)

对于你要说的话，先做到了，再按照做的说出来。

案例

班级里经常有些孩子把大话说在前面，却很难去实行，这时可以用"先行其言而后从之"规正他们的言行。比如说做了学科计划，有没有去实施；与父母、同学之间有什么约定没有履行；或者想法很好，很想去完成一件事等。我会告诉孩子们最好把事情做了再说，免得忘记做或是说了又做不到。《弟子规》说"苟轻诺，进退错"，《道德经》也讲"夫轻诺必寡信"。

链接

唐高宗时期，尚书省有两个大臣，一个叫戴至德，一个叫刘仁轨，他们单、双日轮流主持诉讼。一开始，双日上诉的人特别多，刘仁轨一时声名鹊起；可是没过多久，人们纷纷选在单日上诉。高宗听闻倍感奇怪，于是命人暗访此事。探子回来后禀报高宗："刘仁轨总是以好听的话安抚上诉人，却不深入调查，不能解决实际问题；戴至德从不轻易表态，而是对上诉人细细审问，实地调查取证，确有冤屈的，才上书陛下，为其申辩。时间一久，老百姓自然明白个中道理了。"唐高宗听后感慨道："这才是为国为民的好官啊！"唐高宗从此对戴至德器重有加。

85　君子耻其言而过其行。(《论语》)

君子认为说得多、做得少是可耻的。

案例

"老师，他们打水的又偷懒！桶里只有一点点水，拖把都打不湿！"一名同学向我投诉。类似的投诉，在教室里随处随时可见。每一个孩子都不同，所以处理事情的方式方法也不同。像这种事，他们可以有不同的办法来解决，比如找老师，找班长，打架……这些都是方法，都可以解决问题。但是，还有一种方法，叫亲力亲为。

我跟这名同学说："'君子耻其言而过其行'，你可以拿起桶打满水，把拖把洗好。如此，你会在打水和洗拖把的过程中增长一些智慧，做事情是一定会让人长智慧的。你不只今天这样做，不只这件事这样做，慢慢地，你会发现，你对别人的投诉少了，你得到的尊重多了。"她听完后没有说话，拿起桶走了出去。

链接

关于言行一致的故事有很多，孔子曾用自己的实际行为来诠释这一道理。有一次，孔子和子贡在去卫国的途中经过一个曾经住过的客栈。这家客栈正在办丧事，客栈主人的父亲不幸去世。孔子进了客栈之后，看到这一家人哭得特别伤心，于是叫来子贡，让他把驾车的马送给店主，作为吊唁之礼。子贡听到老师这样要求，很是不解，问老师："颜渊死的时候，老师都没有这么做。现在为了客栈主人的父亲，就送这么重的礼，这是为什么啊？"

听到子贡的问题，孔子回答道："我刚才一进去，主人家因为我的到来，哭得特别厉害。可见，我在他们心中是非常重要的人，他们把我看得很重，我也跟着一把鼻涕一把眼泪哭了一阵。我恨那种只知道哭而没有表示的人，你还是按照我说的去做吧。"对于孔子来说，最不齿的就是言过其行。一个人说的多过他做的，就是君子之耻。

----

86 美言可以市尊，美行可以加人。(《道德经》)

> 美好的言辞可以博得别人的尊敬，良好的行为可以受到别人的尊重。

案例

课间，孩子们在一起玩魔方。回到教室，A 同学用挑衅的口吻问 B 同学："你会玩魔方吗？" B 同学感觉被嘲笑，就去追 A 同学，C 同学看到两人在教室里跑，觉得不妥，就去抓 B 同学，不料用力过度，往后一扳，B 同学摔倒，头撞在了 C 同学的肚子上，于是发生了争执。我请来这三名同学陈述这事。一开始，他们都只在强调自己的道理。B 同学义愤填膺，C 同学委屈掉泪，A 同学一脸无辜。

然后我问："这件事情的导火索是什么？" 大家说导火索是 A 同学说 B 同学不会玩魔方。我说："是啊，就像 A 同学讲的，自己不过是有点调皮。我们前天讲的故事，因为小调皮，玩个石子都会致命呢，多可怕！《增广贤文》有言'良言一句三冬暖，恶语伤人六月寒'。孩子们，最好多讲'良言'，免得别人心生'六月寒'。老子也有良言相告，'美言可以市尊，美行可以加人'。我们是不是应该多讲'美言'，多做'美行'啊？"

链接

鲁国正卿大夫季文子虽身居高位，可家中妻儿没有一个人穿丝绸，厩中的马喂的也不是粮食。孟献子的儿子仲孙它劝季文子："你是鲁国的上卿，你的妻儿不穿丝绸，你的马不吃粮食，难道不怕人家取笑你吝啬吗？难道你不顾及与诸侯交往时会影响鲁国的声誉吗？"季文子说："我也希望妻儿穿丝绸，马儿吃粮食。然而，我看到老百姓，他们的父兄吃得粗穿得差，因此我不敢那样做。别人的父兄吃得粗穿得差，我却给妻儿和马匹那么好的待遇，这恐怕不是我该做的事！况且我听说过用德行荣誉给国家增添光彩的，没有听说过用妻儿和马匹来给国家增添光彩的。"季文子把这件事告诉孟献子，孟献子将仲孙它关了七天。从此以后，仲孙它的妻儿穿的都是粗劣的布衣，马儿的饲料也只是青草。

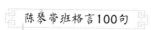

87 君子食无求饱，居无求安，敏于事而慎于言。(《论语》)

君子不追求饮食的满足，也不讲求居住的安逸，做事敏捷，说话谨慎。

案例

孔子认为，安贫乐道，放弃对身外之物的追求，不贪恋安逸、美食、豪宅就是个好学的君子。当年孟子穿着破衣烂衫，站在穿着华丽衣服的君王面前侃侃而谈，君王的华服在孟子的才华和理想面前黯然失色。"君子食无求饱，居天求安，敏于事而慎于言。"这句话在班级管理当中非常适用，可以结合"不比阔气比志气，不比聪明比勤奋"这一条格言来教育孩子。比吃穿、比家境、比父母官职等行为都是不可取的。

链接

范仲淹十岁那年住进长山醴泉寺的僧房，刻苦读书。他生活异常艰苦，每天熬一锅稀粥，等冷凝以后划成四块，早晚各吃两块。这就是著名的"断齑划粥"的故事。范仲淹为了学到更多的知识，又风餐露宿、不远千里地到南都学舍求学。在这里，他仍像以前一样吃粥苦学。有时，他一天连两顿稀粥也吃不上。他有个同学，是当地留守（官名）的儿子，见他生活如此艰苦，就回去告诉父亲。留守很感动，就叫儿子带些好饭菜给范仲淹吃，可是范仲淹不肯接受。那个同学生气地说："家父听说你生活太艰苦，才叫我带些食物给你吃。你不肯吃，是不是怕玷污了你的品德？"范仲淹连忙解释道："不是不是，我很感激你的厚意，但我吃粥已经吃惯了。今天我若吃这样好的食物，以后还吃得惯稀粥吗？"就这样，经过多年的艰苦学习，范仲淹考中了进士。再后来，他不仅成了著名的大文学家，著有名作《岳阳楼记》，还成了著名的大政治家。

88 良言一句三冬暖，恶语伤人六月寒。(《增广贤文》)

一句善意的话，哪怕在寒冷的冬天，也能让人内心温暖；恶劣中伤的言语，哪怕在酷热的夏天，都能让人心生寒意。

案例

A同学犹犹豫豫、吞吞吐吐地说："我要换座位，他们编歌词说我跟B同学……"我猜到了些什么，问："他们是谁？"A同学说："C同学、D同学、E同学……"C同学被请来我身边，我问："唱唱可以吗？"他立马低下了头。见他一声不出，我厉声说道："你的才气都用来搞这种创作了！"C同学这时才抬起头，说："不是我编的，是D同学。我跟E同学只是唱了……"

我请这三名同学在教室后墙《诫子书》下站定自省，然后跟全体同学提起了那个因为被同学取笑而跳楼的高三女生，真是沉痛的教训。她长得胖，性格又外向，大家以为每次笑谈她肥胖时，她都是开心接纳的。殊不知，这名女生内心已几近崩溃。悲剧就这样毫无征兆地发生了。我说："孩子们，'良言一句三冬暖，恶语伤人六月寒'，你取笑别人的时候，语言的利剑伤的是别人的心。利刀割体伤犹合，恶语伤人恨不消啊……"

链接

荀子说"与人善言，暖于布帛；伤人以言，深于矛戟"，即"良言一句三冬暖，恶语伤人六月寒"。唐代有一个检校刑部郎中，名叫程皓，为人谨慎，人情练达，从不谈人之短长。每当同辈之中有人非议别人，他都缄默不语。直到那人议论完后，他才慢慢地替被伤害的人辩解："这都是众人妄传，其实不然。"甚至，还列举出这个人的某些长处。有时，他自己在大庭广众下被人辱骂，连在座的人都惊愕不已。程皓却不动声色，起身避开，说："彼人醉耳，何可与言？"

89 善恶随人作，祸福自己招。(《增广贤文》)

好事坏事都是自己做的，是福是祸也全是自己的言行招来的。

案例

A同学这几天都在说同样一句话："他们都欺负我！"昨天下午，他一个人坐在座位上哭，我哄了很久，他也不出教室，最后我说："你不出来，大家就不能吃饭，都在等你呢。"这时候，他才慢慢走出教室。我调查几件事后，发现确实有人很过分，就在班上讲："A同学是很了不起的孩子，他的家远在山东，被妈妈送到了我们学校，妈妈因为工作问题，没等他适应，就离开浙江，去了北京。如果你们觉得自己还是我们班的孩子，就请你们伸出温暖的手，让他感觉到你们的温度。如果你们伸出的是冰冷的手，那我们班也不欢迎冷血的人！"我言辞激烈，班里鸦雀无声。之后，我对A同学说："你来自齐鲁大地，你是圣贤的子孙，遇到事情要坚强，不要轻易落泪才好。"

下午第一节课刚结束，就听到B同学哇哇大哭。我循声望去，B同学满脸是泪。有两名女生跑过来告诉我，B同学是听到大家说他欺负A同学才哭的。后来，我请B同学坐在我身边，问他缘由。B同学说："老师，A同学原来的学校，数学教得很差啊！"他试探性地看我，我问他："你知道这学期他比你们学习数学的时间短吗？因为要转到这边，他开学没有按时去，这边办好手续后，你们已经学了很多内容。其实，他数学很棒的。你是什么意思呢？"B同学说："我就是说他数学不好……"他的声音低下来，明显没有底气了。我对B同学说："你上学期被几个同学取笑过，心里很难受，相信你还没忘吧？"他点点头，我继续说："你现在就做了你去年很讨厌的那种人啊！"B同学不吭声了，面有愧色。但是，他忽然又问："可是老师，我妈妈说，人是要讲实力的啊！"我说："是啊！去年笑话你的同学，就是觉得你没有实力啊！你怎么看待这些同学呢？真正的实力不是看现在的这点成绩，我们要看你的将来啊！比如二十年以后，三十年以后……"

最后，我们达成一致，B 同学去找 A 同学解决这件事，然后把解决的过程讲给我听。下午放学了，A 同学没有像昨天那样哭。A 同学的同桌把手放在 A 同学的手上，对他说："我要给你温暖的手……" A 同学笑得很开心……

链接

曹无伤是刘邦的一个下属，此人认为刘邦必败，想讨好项羽，谋个好出路，于是向项羽告密说，刘邦以前爱财贪色，但自从进了关中，他就完全变了一个人，可见他有妄图称帝的迹象。项羽听了曹无伤的话，于是摆出鸿门宴，请刘邦来赴宴，计划在宴会上杀死刘邦。刘邦受到邀请后，知道有人在挑拨离间，如果不去解释的话，就只有死路一条。于是，他带着许多礼物去见项羽。项羽觉得刘邦还算恭敬，不像是有称帝的野心。刘邦看项羽态度有所缓和，就问项羽："不知道是谁在挑拨将军和我之间的关系？"项羽想都没想，就脱口而出。刘邦从鸿门宴脱险回来后，立刻找了个理由把曹无伤杀了。可见，福祸都是自己招来的。

心得

90 病从口入，祸从口出。（傅玄）

病毒是从嘴巴吃进去的，祸端也是从嘴巴说出来的。这句话告诉我们，要注意自己的言行，不能乱说话，就如同不能乱吃东西一样。

91 善护口业，不讥他过。善护身业，不失律仪。善护意业，清净无染。（《无量寿经》）

管好自己的嘴巴，不讥讽他人的过失。管好自己的行为，不犯戒律，不失礼节。保护好自己的清净心，不起邪念，内心清净无染。

案例

一天，我坐在树下读一本书。"老师，我想换个同桌……"A同学走过来看着我，愁绪漫过眉梢。"为什么呀？说来听听……""英语课上，我的作业纸被风扇吹到地上，我去捡，他就骂我……数学课上，窗子开着，我的数学试卷被风吹到地上，我去捡，他还是那样骂我……上周，他也这样骂了我……""太过分了！那你上周也没告诉我啊……""我常说，做人要看他的善，看他的好处，要包容他。如果只有那一次，我就不介意。可是，今天两次了……"

是啊，我们班级"隐恶扬善"的力量越来越大，使得"善者吾善之，不善者吾亦善之，德善。信者吾信之，不信者吾亦信之，德信"的奇迹屡屡发生。同学之间信任包容，班风愈发醇厚，真是喜欢这些孩子。我看着这个可爱的小姑娘，捋了捋她额前的乱发，说："你介意把他叫来吗？我们三个谈一谈好吗？"

她愉快地答应，跑去游乐场找她的同桌去了。我坐在香樟树下等他们，又请另外的同学去教室搬了两把小凳子给他们备着。

我们三个团团坐，互相看了看，我先发言了："嗨！亲爱的，你先听你的同桌讲一讲，好吗？她好像有委屈……"小男孩默默地点点头，看着她。她把刚才的话重复了一遍，表情很凝重。"亲爱的，她说的可是事实？""是事实！"他重重地点点头。我的心头又微微一震，做了错事不找借口，这种"反求诸己"的自省功夫也很令我佩服。"哎呀，你在老师心目中可不是这样的啊！你最近是不是有心事，心情不太好啊？"我问他。"没有。"他平静地说，没有半点为自己开脱的意思。"哦，那你觉得你做得对吗？你愿意道歉吗？""我想想好吗？"他说。"好的。"我边答应，边看着小女孩说，"他想一想，说明待会儿他的决定不是敷衍我们，你觉得呢？"小女孩点点头，我俩耐心等待。"我错了，对不起，我不该这样说你……"大约两分钟后，他果然真诚地道歉了。

A同学的表情已经不复刚才的凝重了，脸上的神情愉悦而且自在。她的心结，也只是需要一个真诚的歉意而已。"还换位吗？""暂时不换了，看看他的表现吧。"鉴于此，他对自己"约法三章"，请我做证。

链接

汉灵帝时，阳球担任卫尉之职，回到家中常常对小妾谈起朝廷的公事，提起曹节等人，他总是咬牙切齿地说："总有一天要把曹节老贼碎尸万段！"他与刘合来往，谈些隐秘之事，也常常不避小老婆。小妾有时回娘家，便把此事泄露给自己的父亲程璜，程璜又泄露给其他人。三传两传，就传到曹节的耳朵里了。曹节使用重金收买程璜，又加以威胁。程璜胆小怕事，又贪图曹节的钱财，便把阳球、刘合的计划原原本本地报告给曹节。曹节当机立断，立即拉程璜一起去见汉灵帝，揭发了阳球、刘合等人的阴谋，说他们暗中勾结，图谋不轨，程璜从旁做证。灵帝大怒，将阳球、刘合等人逮捕，不久他们死在狱中。真是"病从口入，祸从口出"，白白丢了性命。

92 言满天下无口过，行满天下无怨恶。(《孝经》)

> 言论传遍天下，也没有人指出言论失当的地方；行迹遍布天下，也不会招人怨恨憎恶。

案例

所谓"多言数穷。不如守中"，并非让人完全不开口说话，只是说所当说的，不可多说，也不可不说。"言满天下无口过"，就是"守中"的道理，与老子所说"善言无瑕谪"的意旨相符，即将自己所固守的准则表达出来，但又不能过于直白，以免他人积怨。孩子们每天相处，嬉笑打闹，口无遮拦，常常会闹出很多不必要的误会和矛盾，这时就需要老师们引导孩子们学习说话、做人。

链接

苏轼的弟弟苏辙在处理政务的机构为官，有一个旧交写信求苏辙为他谋份差事，久而未遂。一天，这人找到苏轼，说："鄙人想托学士为我的事情跟令弟打个招呼。"苏轼沉吟片刻，跟他说了个故事："过去有个人很穷，无以为生，就去盗墓。他挖开一座古墓，有个全身赤裸的人坐在棺内对他说，'我是汉代的杨王孙，提倡裸葬，没有财物可接济你。'盗墓人无奈，又费了好一番力气挖开了另一座古墓，有个皇帝躺在棺内对他说：'我是汉文帝，墓里没有金银玉器，只有陶瓦器皿，无法接济你。'盗墓人颇为丧气，见有两座古墓并排在一起，就去挖左边这座墓，直挖到精疲力竭方才挖开。只见棺内有个面带菜色的人对他说：'我是伯夷，饿死在首阳山下，没办法帮到你。'接着，伯夷又说：'我劝你别费力气挖墓了，还是另找个地方吧，你看我瘦成这样，我弟弟叔齐也好不到哪儿去，也帮不了你。'"听完苏轼的故事，旧交顿悟，大笑而去。

苏轼巧用典故，表达了兄弟俩严于律己、谐流俗的意思，言语妙趣横生，

取得很好的婉拒效果。既坚守了自己的原则，又让故人会心而去。"言满天下
无口过"，是智慧，也是一门语言艺术、做人艺术。

心得

93 请留心你的行动，因为行动能变成习惯。请留心你的习惯，因为习惯能成为性格。请留心你的性格，因为性格能决定你的命运。（赫拉克利特）

古希腊哲学家赫拉克利特的名言。

案例

我在学期末读写给 A 同学的总结词：A 同学，还记得那天吗？眼保健操铃声响过了，你还没有到座位上坐好，老师严厉地批评了你，你有些后悔。下课后，你发现 B 同学在清理窗台，便默默拿起水盆加入，一起清理。最近，你只要发现垃圾桶周围有垃圾，就主动捡起。那天的英语早读课前，你交作业，需要经过几个同学的座位。那时，很多人已经在读英语，你担心遮挡大家的视线，经过其他人的座位时，你把整个身体蹲下来，猫着腰，轻轻挪过去。现在的你，不再随便发脾气，不扰他人，我们很爱你！赫拉克利特说："请留心你的行动，因为行动能变成习惯。请留心你的习惯,因为习惯能成为性格。请留心你的性格，因为性格能决定你的命运。"从你的行为习惯中，我们已经看到了谦谦君子的温润性格！

链接

一个人因对雕刻有兴趣，便拜雕刻家为师。但雕刻家每天都带着他在深山老林里游历，教他辨认各种各样的石头，欣赏大千世界的千姿百态。后来，这个人不耐烦了，说："我是来向你学雕刻的，不是来认石头的，你为什么不把真实的本领教给我呢？"雕刻家问："那你想学什么本领呢？"那个人说："我喜欢雕刻，只想学习你运用斧凿雕刻的本事。"雕刻家说："仅有兴趣是不行的，你不了解石头的质地，就会对美感把握不够，雕出来的作品也不好看。换了另外一

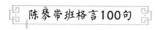

种质地,就根本掌握不了雕刻的力道了,这样你怎么能成为令人景仰的艺术家?"

他恍然大悟:"原来您教我认识石头、欣赏美景都是有深意的啊!"

心得

第九章

爱国孝亲

94 天下兴亡，责任在我。

改编自顾炎武的"天下兴亡，匹夫有责"，指天下的兴盛、灭亡，每一个人都有义不容辞的责任。

案例

有一个孩子非常喜欢画画，她的理想是做一名婚纱设计师，她为这个理想一直努力地学习画画。她是一名十分优秀的学生，随着年龄的增长、年级的升高，我和她经常探讨一些问题，包括教育的乱象、教育的现状；一起读王阳明的《教条示龙场诸生》，针对"我们为什么要读书"做了为期一年的探讨。在她读六年级的时候，她的理想发生了改变，她妈妈告诉我，她不想做婚纱设计师了，她要做一名教育工作者，要为中国的教育尽自己的一份力。

链接

明末清初爱国学者顾炎武的名著《日知录》说："有亡国，有亡天下，亡国与亡天下奚辨？曰：易姓改号，谓之亡国；仁义充塞，而至于率兽食人，人将相食，谓之亡天下。……是故知保天下，然后知保其国。保国者，其君其臣，肉食者谋之；保天下者，匹夫之贱，与有责焉耳矣。"这里所谓"亡国"，是指改朝换代；所谓"亡天下"，是指社会道德沦丧。顾炎武认为江山易帜是统治阶级的事，而道德沦亡关系到每一个人，人人有责，并指出只有知道"保天下"，即整顿风俗，挽救人心，人人都具有高尚的道德情操，然后才能懂得保卫国家。后来，人们把顾炎武的这番话概括为"天下兴亡，匹夫有责"。

95 位卑未敢忘忧国。（陆游《病起书怀》）

虽然自己地位低微，但是从没忘掉忧国忧民的责任。

案例

2016 年，全国雾霾严重，我们全班发起了保护环境的倡议，研究了媒体上的"一席"演讲，柴静的《穹顶之下》等资料，对比了浙江、山东、山西等省的情况，发出了"力所能及保护环境"的号召。孩子们虽然年龄小，但"位卑不敢忘忧国"，人人都有责任，没有理由置身事外。孩子们都积极热情地投身其中，确实展现了"匹夫有责"的风范……

链接

陆游在成都被罢官后，卧病不起。《病起书怀》为病愈后所作，却没有丝毫衰颓之态和沮丧情绪，爱国的热情和百折不回的战斗精神洋溢于字里行间。全诗为："病骨支离纱帽宽，孤臣万里客江干。位卑未敢忘忧国，事定犹须待阖棺。天地神灵扶庙社，京华父老望和銮。出师一表通今古，夜半挑灯更细看。"陆游被免官后病了二十多天，病愈后想到自己一生屡遭挫折，壮志难酬，而年事已高，自然有着深深的慨叹和感伤。"位卑未敢忘忧国"与顾炎武的"天下兴亡，匹夫有责"一样，表明虽然自己地位低微，但是从没忘掉忧国忧民的责任。

心得

96　事父母，能竭其力。(《论语》)

> 侍奉父母，能够竭尽全力。

97　事父母几谏，见志不从，又敬不违，劳而不怨。(《论语》)

> 侍奉父母，如果父母有不对的地方，应该婉言劝告。如果他们不愿听从自己的意见，仍然要尊敬父母，不要违逆对抗，继续为父母操劳而不怨恨。

案例

孝是中国最根本的文化，所以孩子们都非常认同孝道。现在孩子年龄还小，能为父母做的事情不多。但是可以告诉孩子们，需要做的时候就要尽心尽力地做好，比如父母身体不太好，应多问候、关心父母，给父母端茶倒水、做饭、买早餐等，做一些力所能及的事情。同时，让孩子们明白，把自己的事情做好也是"竭其力事父母"的一种表现。在学校里，自己的学业能够尽心地完成好，与同学友好相处，尊敬师长，这些都可以推而广之。

"与朋友交，言而有信"：A 同学聪明可爱、长相甜美，但是班里的同学都不喜欢她、排挤她。我看到这种情况很不解，调查后发现原因。比如她喜欢同桌的一支铅笔，没有征得同意就拿走了，并说她太喜欢这支铅笔了，许诺周一会带一个文具盒送给同桌；她又看上了同学的一块橡皮，也会这样许诺。久而久之，在班级里许诺特别多，她许诺过很多同学，但她从未兑现过她的承诺，所以大家就非常讨厌她。针对这种情况，我们开展了"与朋友交，言而有信"的主题班会，让大家畅所欲言。同学们直言不讳，让她认识到自己的错误，意识到问题的严重性。

链接

　　东汉时期,张劭与范式同在京城洛阳读书,两人结下了深厚的友谊。分别时,张劭伤心地说:"今日一别,不知什么时候才能相见？"范式安慰道:"不要伤心,两年后的秋天,我一定会去看你的,并去你家拜见你的母亲。"于是,两人约定好日期。后来约定的日期快到了,张劭把这件事详细地告诉了母亲,请求母亲准备酒食,等待范式的到来。张劭的母亲说:"分别两年了,相约的人在千里之外,你怎么会如此肯定他会来呢？"张劭说:"范式是讲信用的人,肯定会及时赶来的。"张劭的母亲说:"如果真是那样,我就去给你们准备酒食。"约定的日子到了,范式果然风尘仆仆地赶来,并且拜见了张劭的母亲。两位久别重逢的好友开怀畅饮,直到兴尽。张劭的母亲感慨地说:"天下真有这么讲信用的朋友啊。"

心得

98 老吾老，以及人之老；幼吾幼，以及人之幼。
（《孟子》）

> 在赡养、孝敬自己的长辈时，不应忘记没有亲缘关系的老人；
> 在爱抚、养护自己的小孩时，不应忘记没有血缘关系的小孩。

案例

这是一位家长的记录：一年圣诞节，我和她爸爸带着她去大街上送温暖。我们买了奶茶、苹果、面包、巧克力、糖果等食物，本来想送给街头的流浪汉，但那天穿遍了大街小巷，只在青少年宫门口见到一个七十岁伏地而睡的老人。我们让女儿给这位老爷爷送上了一份爱心，作为纪念。后来，我们把其余的几份礼物送给了一位清洁工大伯、一位擦鞋的大妈、一位保安和一位比她年幼的孩子。古人云："老吾老，以及人之老；幼吾幼，以及人之幼。"我们希望在老师和父母的引领下，她不仅能施爱自己的家人，还能尽可能地给身边需要关心的人一份爱、一份同情和帮助。

链接

有一次，孟子同齐宣王讲以德服天下的王道：只要从爱护老百姓出发，就没有人可以阻挡得了。齐宣王好奇地问道："您看像我这样，能做到爱护老百姓吗？""能够，完全能够！"孟子回答。孟子看了看齐宣王，接着又认真地说："我听说有次大王坐在殿堂上，见有人牵着一头牛走过。您一打听，知道这是要送到屠宰场去，用它的血祭钟的。您就让人把它放了，用一只羊去顶替，有这回事么？""有这回事。"齐宣王点了点头说。孟子说："有这样的善心，就足以征服天下了。百姓以为您吝啬，其实，我知道您是出于不忍心啊！"齐宣王说："是呀，齐国再小，我也不至于吝惜一头牛呀。我是不忍心看着那牛瑟瑟发抖的样

子，所以才让人用羊去代替的。""老百姓的想法也是能理解的，羊也是生命呀。那和牛又有什么区别呢？"孟子分析道。齐宣王笑了："是呀，这是什么心理呢？看来老百姓说我吝啬也是理所当然啊！"孟子说："其实这正是仁心的体现。您见到了牛，没见着羊。见到牛活着，就不愿意看到它被宰杀，听到它哀鸣，就不愿再吃它的肉，所以君子总是远离庖厨。"孟子打了一些比方，又举了一些例子，然后说道："现在您的恩惠能施舍到禽兽的身上，却没有施加到老百姓的身上，关键是没有去做呀！"分析一番后，孟子接着说道："老吾老，以及人之老；幼吾幼，以及人之幼。天下可运于掌。"

心得

99 羊有跪乳之恩,鸦有反哺之义。(《增广贤文》)

小羊羔在吃奶时总是跪在地上,乌鸦长大后会衔来食物喂自己的母亲,它们好像在感谢母亲对自己的养育恩情。这句话告诉我们,做子女的要懂得孝顺父母。

案例

有不少孩子对父母是缺少敬爱之心的,有些孩子只在乎自己对父母的要求有没有得到重视,而父母对他的要求却从不在乎,甚至有个别孩子根本不会关心父母的喜怒哀乐。从我了解到的情况来看,有个别孩子甚至不会对生病的父母有一点关怀之情。于是,在开展主题班会时,我抓住"十指连心"这个话题,给孩子们讲了曾子砍柴思母的故事,讲了母亲十月怀胎的艰辛,告诉孩子:"你从尘世中一粒微尘,一个肉眼都看不见的小小细胞,变成妈妈肚子里的一个有生命的孩子,妈妈在十个月里吃喝不便,坐立难安,艰辛地把你生下来,再用三年的时间喂养你……"

这样一个简单的叙述,早上扯着外婆衣角、哭闹着不肯进校的 A 同学,本来低着头不开口早读,突然很感动地抬起头看着我,脸色变得很凝重,眼神都跟刚才完全不一样了。昨天把我和刘老师折腾了一整天的 B 同学,今早一开始早读就很投入。只是,我讲到母亲养育儿女的艰辛时,他却不怎么专心听,身子扭来扭去。可是我相信,接下来,我们通过一些生命成长的科普视频和像《跪羊图》这样的歌曲,孩子心中的那份孝心会很快被唤醒的。

链接

子路家境贫寒,全家常常吃不饱,穿不暖。有一年遭遇饥荒,全家好几天没见米粒,顿顿以野菜充饥,年迈的父母已经饿得起不了床了。子路心急如焚,拖着虚弱的身子到百里以外的亲戚家去借粮。子路翻山越岭走了上百里路,从

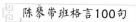

亲戚家背回一小袋米。看到父母吃上了香喷喷的米饭，身子也好起来了，子路忘记了疲劳。邻居们都夸子路是一个大孝子。

　　子路在穷贱之时尽心尽力孝顺双亲，富贵了也不忘怀念双亲。子路说："我真希望父母能同我一起享受现在的生活，可是再也不可能了。"子路的孝心，感人至深。孔子夸赞他是个大孝子。

心得

100 身体发肤，受之父母，不敢毁伤。(《孝经》)

　　身躯、四肢、毛发、皮肤，这些都是父母给我们的，我们要好好爱护，不能有所损伤。

案例

　　经过经典濡染的孩子，心智一定不庸俗，内心会比其他孩子更笃定。针对目前有些中小学生动辄自杀的状况，我给孩子们上了一节心理辅导课：读《孟子·告子下》中"天将降大任于是人也，必先苦其心志……"，再读"人皆可以为尧舜……"因为曾读过司马迁的《太史公自序》《孔子世家》和屈原的《离骚》，作者的生平事迹都和孩子们讲过，结合当前小学生自杀事件，我问孩子们对这些自杀的人有什么评价。有一个孩子站起来说："老师，我们觉得这个自杀的大哥哥值得我们同情，但我们更同情他的父母。因为《孝经》里面说'身体发肤，受之父母，不敢毁伤'。"然后全班孩子都附和："对了，《弟子规》里也说'身有伤，贻亲忧；德有伤，贻亲羞'。"我们班的几个家长笃定地说："国学班的这些孩子肯定不会轻易去自杀的！"我相信，这是经典的力量！

链接

　　晋朝的范宣在儒学的传播及古代礼仪研究方面有很大的成就，对后代有着较为深远的影响。范宣八岁时，有一天不小心弄伤了手指头，他马上大哭起来，哭得十分伤心，怎么劝也劝不住。人家问他："孩子，真的有那么痛吗？"范宣哭着说："我不是因为痛才哭的，而是因为'身体发肤，受之父母，不敢毁伤'，我弄伤了父母亲给我的身体，这是不孝啊！所以，我才感到悲痛！"

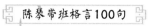